Ⓢ新潮新書

TOBETA Makoto
戸部田 誠
（てれびのスキマ）

芸能界誕生

966

新潮社

前説みたいなもの――菅原正豊

この本をお読みになる前に、ちょっとだけ時間をください。

私は学生時代に日本テレビ『11PM』でADのアルバイトをしたのを機にハウフルスという制作会社を作り、以来50年近くテレビ番組の企画制作演出に携わってきました。沢山の番組に関わってきましたが、そのどれもが懐かしく楽しかった思い出です。

27年前（1995年）には日本テレビで『THE　夜もヒッパレ』という番組を立ち上げ、演出しました。『夜もヒッパレ』では、時代を彩った数々のスターたちがその週のベストテンを歌いにやってきて、華やかなステージを繰り広げてくれました。

それだけではありません。彼らが所属するプロダクションの社長や幹部の方々も集まり、スタジオはこれぞ〝ザ・芸能界！〟というような雰囲気に包まれました。彼らをもてなすために我々はステージサイドに「Vip's Bar」を作り、一緒になって盛り上がったのでした。

この番組の特番で「ザッツ宴会テイメント」という2時間番組を数回企画したのですが、そのひとつは「日本のポップスの夜明け」というテーマで、山下敬二郎、平尾昌晃、ミッキー・カーチスという、かつて一世を風靡した「ロカビリー三人男」にご出演いただきました。

その打合せで平尾昌晃さんの事務所に伺った時のことでした。「菅原くん、これあげるよ」と手渡されたのが、「第一回日劇ウエスタン・カーニバル」のパンフレットです。

1958年2月。私が12歳の時に開催されたこのイベントは社会現象となり、当時の若者たちを熱狂の渦に巻き込みました。エルヴィス・プレスリー、ポール・アンカ、ニール・セダカ、コニー・フランシス……あの頃、FENから流れてきたサウンドは、少年だった私の体に深く突き刺さりました。

それから50年以上経って再会したパンフレットには、多くの発見がありました。特に重要だったのは、パンフレットにウエスタン・カーニバルの出演歌手だけではなく、出演バンドのメンバーの名前までが事細かに載っていたことです。「スイング・ウエスト」「ウエスタン・キャラバン」「オールスターズ・ワゴン」……バンド名だけでピンと来る人はいないと思いますが、このパンフレットには現在の芸能界のルーツを示す重要なヒ

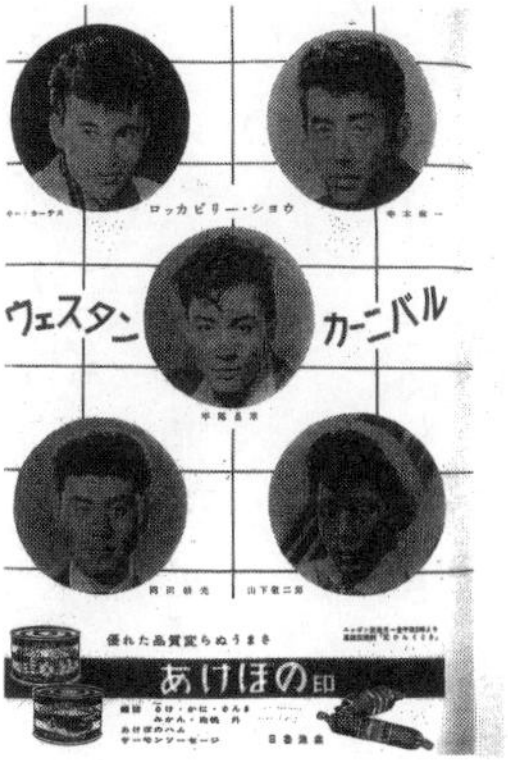

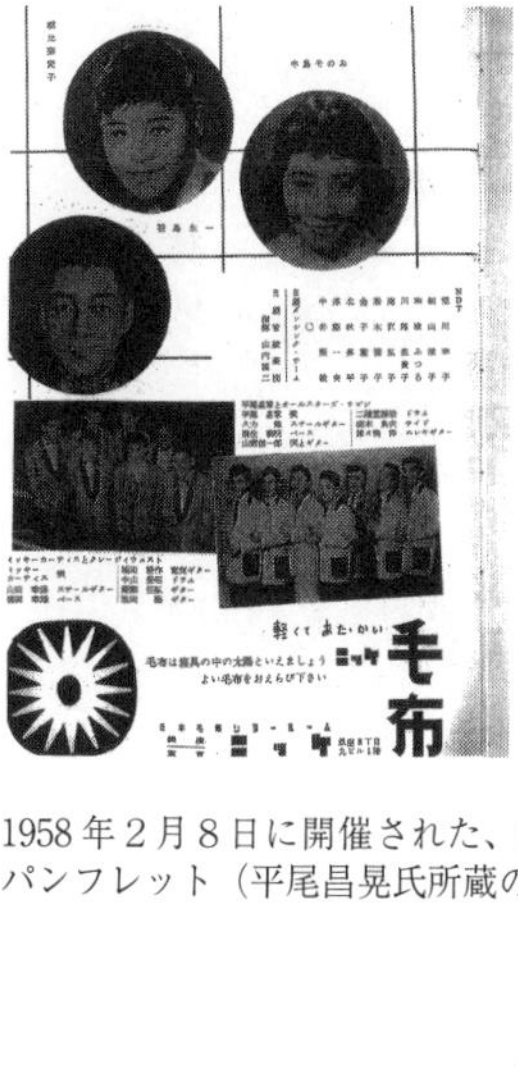

1958年2月8日に開催された、第1回日劇ウエスタン・カーニバルのパンフレット（平尾昌晃氏所蔵のものを複写）

ントがあったのです。

「そうだったんだ！」――。

そのあたりのお話は、ここではいたしません。ぜひ、この後に続く本論でお確かめください。


私がこれまで関わってきたテレビの世界は、オモチャ箱のように楽しくキラキラした夢の世界に満ち溢れていました。

その憧れの中心にあったのが、〝ザッツ・エンターテイメント！〟の世界です。

この世界は、いつ、どのようにして生まれ、育って、今に至っているんだろう――。

今の若いテレビマンたちは、芸能プロダクションや業界の有名人の名前は知っていても、彼らがどのようなルーツを持ち、現在の地位を築いたのか、その背景についてはほとんど知らないと思います。でも、その歴史を知れば、もっともっとテレビのことや仕事が楽しくなるに違いない。それはテレビマンのみならず、普段は視聴者としてテレビを楽しんでいる人たちにとっても同様でしょう。

そんなことを思って、かつて『ＴＨＥ　夜もヒッパレ』や『24時間テレビ』を一緒に制作したプロデューサーの渡辺弘氏（元日本テレビ専務）と「そんな本があったらいいね」と企画したのが本書です。

執筆をお願いしたのは、我々が信頼している作家、テレビのスキマを熱くしてくれている戸部田誠さんです。幸い戸部田さんも、「面白そうですね、書いてみましょう」と乗ってきてくれました。

それから3人で、業界のいろいろな方々に話を伺いました。大御所の堀威夫さんをはじめとした沢山の先輩たち。そして田邊昭知さん、曲直瀬道枝さん、貴重なお話をホントにありがとうございました。

そうして生まれたのが、この『芸能界誕生』です。

1978年生まれ、44歳の戸部田さんが挑んだ本書は、当初我々が考えていたよりも、はるかに壮大なスケールの現代歴史絵巻となりました。

戦後のとある田舎町で起きた偶然の遭遇から日本のエンターテイメントがはじまり、激動の時代を駆け抜けてきた芸能界の先輩たちの物語。

ぜひ読んでみてください。

「今まで親しんできたエンターテイメントの世界にはこんなバックグラウンドがあった

んだ」「自分たちの仕事はこんな歴史の上に成り立っていたんだ」ということを知ることができるはずです。

そして、歴史は未来へとつながっていきます。

「自分たちが次の時代を作っていくんだ」と考えたら、どんな仕事ももっともっと楽しいものになると思います。

読んでそんな風に思ってもらえれば、企画した私たちにとって、こんなに嬉しいことはありません。


あっ、そろそろＳＨＯＷの始まりです。

お待たせしました。

それでは５秒前……

株式会社ハウフルス会長
菅原正豊

芸能界誕生　目次

第2部　ジャズ喫茶とロカビリーブーム

【主要登場人物（生年順）】

曲直瀬花子：1900年生まれ。仙台の進駐軍キャンプで通訳を務めた後、夫・正雄とともに46年、オリエンタル芸能社（現・マナセプロダクション）を設立。

曲直瀬正雄：04年生まれ。妻・花子とオリエンタル芸能社（同前）を設立。

山本紫朗：08年生まれ。36年、東宝京都撮影所に入社。戦後、日劇の数多くのレビューを演出・プロデュース。

永島達司：26年生まれ。進駐軍キャンプの通訳を経て、プロモーターに転身し協同企画（現・キョードー東京）設立。ビートルズ招聘などを成功させる。

渡邊晋：27年生まれ。「渡辺晋とシックス・ジョーズ」などでベーシストとして活躍した後、55年、渡辺プロダクションを設立。

メリー喜多川：27年生まれ。四谷のバー「スポット」を開業。弟・ジャニー喜多川がジャニーズ事務所を立ち上げると参加。

渡邊美佐：28年生まれ。曲直瀬家の長女として生まれ、渡邊晋と結婚。マネージャー業を経て、55年、夫とともに渡辺プロダクションを設立。

井原高忠：29年生まれ。「ワゴン・マスターズ」などでベーシストとして活躍した後、54年、日本テレビに入社。

相澤秀禎：30年生まれ。「相澤芳郎とウエスタン・キャラバン」などでスティールギタリストとして活躍した後、マネージャー業に転身。68年、サンミュージックプロダクションを設立。

中村八大：31年生まれ。「シックス・ジョーズ」「ビッグ・フォー」でピアニストとして活躍した後、作曲家へ転身し「上を向いて歩こう」など数多くのヒット曲を生み出す。

岸部清：31年生まれ。「ザ・サンズ・オブ・ドリフターズ」などでギタリストとして活躍した後、渡辺プロ入社。61年、第一プロダクション設立。

草野昌一：31年生まれ。音楽誌『ミュージック・ライフ』編集長。「漣健児」名義で訳詞家としても活躍。日劇ウエスタン・カーニバルを企画したひとり。

すぎやまこういち：31年生まれ。58年、フジテレビに入社し『ザ・ヒットパレード』などを手掛ける。退社後は作曲家として活躍。

ジャニー喜多川：31年生まれ。アメリカ大使館職員を経て、62年、ジャニーズ事務所を設立。

堀威夫：32年生まれ。「ワゴン・マスターズ」「スイング・ウエスト」などでギタリストとして活躍した後、60年に堀プロダクション（現・ホリプロ）を設立。

曲直瀬信子：35年生まれ。曲直瀬家の四女。マナセプロで坂本九らのマネージャーとして活躍。

平尾昌晃：37年生まれ。日劇ウエスタン・カーニバルの「ロカビリー三人男」として人気に。70年代以降は作曲家としても活躍。

田邊昭知：38年生まれ。「スイング・ウエスト」「田辺昭知とザ・スパイダース」などでドラマーとして活躍した後、73年、田辺エージェンシーを設立。

ミッキー・カーチス：38年生まれ。日劇ウエスタン・カーニバルの「ロカビリー三人男」として人気に。マルチタレント、プロデューサーとしても活躍。

山下敬二郎：39年生まれ。日劇ウエスタン・カーニバルの「ロカビリー三人男」として人気に。

かまやつひろし：39年生まれ。通称「ムッシュ」。父はティーブ・釜萢。「ザ・スパイダース」などで活躍。

飯田久彦：41年生まれ。歌手として「ルイジアナ・ママ」が大ヒット。引退後はディレクターとしてビクターに入社しピンク・レディーらを担当。

福澤幸雄：43年生まれ。レーサー兼ファッションモデル。六本木「キャンティ」の常連でザ・スパイダースのブレーン的存在。

曲直瀬道枝：43年生まれ。曲直瀬家の五女。82年、父・正雄の後を継ぎマナセプロの社長に。

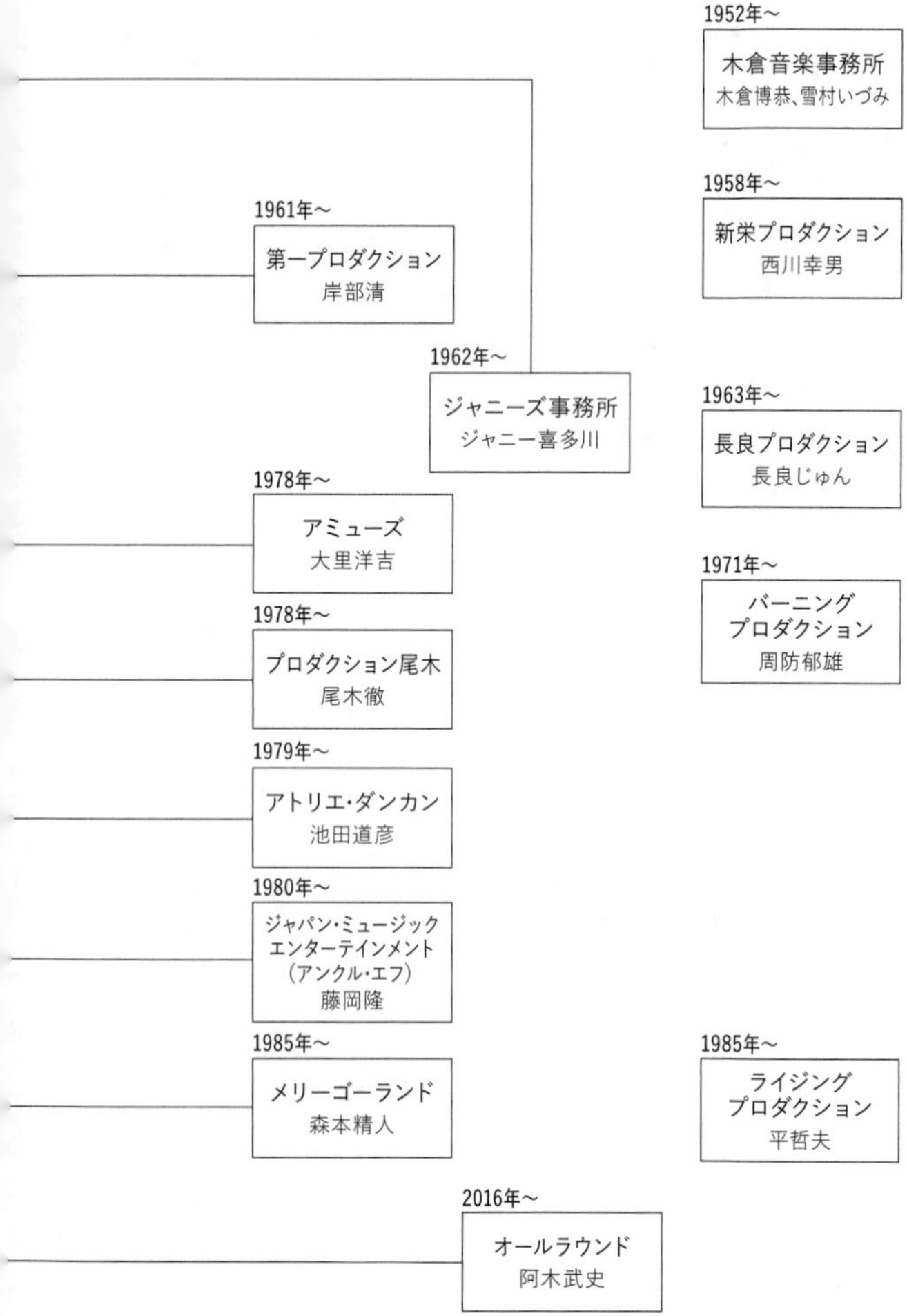
1952年～
木倉音楽事務所
木倉博恭、雪村いづみ
1958年～
新栄プロダクション
西川幸男
1961年～
第一プロダクション
岸部清
1962年～
ジャニーズ事務所
ジャニー喜多川
1963年～
長良プロダクション
長良じゅん
1978年～
アミューズ
大里洋吉
1971年～
バーニング
プロダクション
周防郁雄
1978年～
プロダクション尾木
尾木徹
1979年～
アトリエ・ダンカン
池田道彦
1980年～
ジャパン・ミュージック
エンターテインメント
(アンクル・エフ)
藤岡隆
1985年～
メリーゴーランド
森本精人
1985年～
ライジング
プロダクション
平哲夫
2016年～
オールラウンド
阿木武史

【本書に関連する芸能プロダクション相関図】

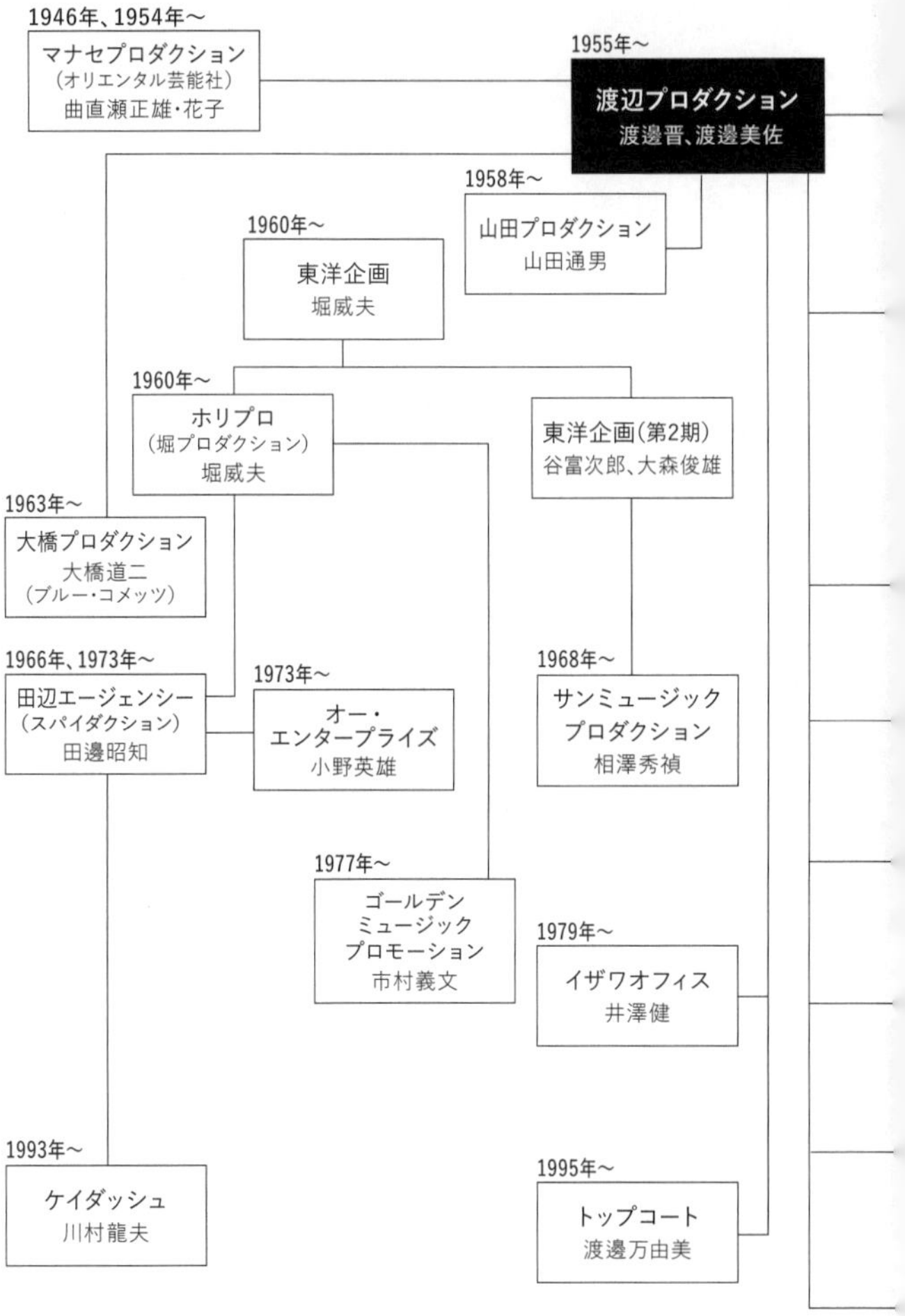
1946年、1954年～
マナセプロダクション
（オリエンタル芸能社）
曲直瀬正雄・花子
1955年～
渡辺プロダクション
渡邊晋、渡邊美佐
1958年～
山田プロダクション
山田通男
1960年～
東洋企画
堀威夫
1960年～
ホリプロ
（堀プロダクション）
堀威夫
東洋企画（第2期）
谷富次郎、大森俊雄
1963年～
大橋プロダクション
大橋道二
（ブルー・コメッツ）
1966年、1973年～
田辺エージェンシー
（スパイダクション）
田邊昭知
1973年～
オー・
エンタープライズ
小野英雄
1968年～
サンミュージック
プロダクション
相澤秀禎
1977年～
ゴールデン
ミュージック
プロモーション
市村義文
1979年～
イザワオフィス
井澤健
1993年～
ケイダッシュ
川村龍夫
1995年～
トップコート
渡邊万由美

※人物名は、特に断わりがない場合、現在の表記を使用しています（敬称略）

序章　１９５８年の日劇ウエスタン・カーニバル

祭典前夜

東京・有楽町にそびえ立つ王冠をかたどった半円形の劇場・日本劇場。通称・日劇。1981年に閉鎖されるまで、戦後日本のエンターテインメント界の象徴として君臨し、芸能人にとってその舞台に立つことは最高の勲章とされていた。

1958（昭和33）年2月8日——。

その日の早朝には日劇の周りを大勢の人たちが二重三重に取り囲んでいた。そのほとんどは10代の若い女性たちだ。彼女たちは外で徹夜をしながら今か今かと開場時間を待ち構え、ある者は現在の表現でいえば「推し」の名前を叫び続け、ある者は居ても立ってても居られずその場で踊り出した。

「いったい何事ですか⁉」

本番を控え、深夜から早朝にかけてリハーサルをしていたところに警察官が飛び込んできた。公演を主催する渡辺プロダクションの副社長・渡邊美佐は混乱した。

「こんなに大勢集まって、何か起きたらどうするんだ！」

その時、美佐は初めて外を見て「わぁ、スゴい！」と驚いた。

「前もって連絡してくれなければ、こっちが困るじゃないか！」

説教を続ける警察官に、「そんなこと言ったって、こっちだって分っちゃいなかったんですもの。分るぐらいなら、苦労はないわ」と心の中でつぶやいた。[※1]

それがいまや〝伝説〟となった「日劇ウエスタン・カーニバル」の始まりだった。

当時、ジャズ喫茶などで人気のあったウエスタンやロカビリーのバンドを集めたイベントだった。元々は自身もバンドを率いていた堀威夫《たけお》や音楽専門誌『ミュージック・ライフ』編集長の草野昌一が渡辺プロの社長・渡邊晋に持ち込んだ企画だ。晋はその実務を妻の美佐に任せると、美佐は妹でマナセプロダクションのマネージャーを務めていた曲直瀬《まなせ》信子らとともに出演者集めに奔走した。

そうして集まったのが、寺本圭一と「スイング・ウエスト」、平尾昌晃《まさあき》と「オールスターズ・ワゴン」、ミッキー・カーチスと「クレイジー・ウエスト」、山下敬二郎と「ウエスタン・キャラバン」ら総勢60人。

同時に美佐は日劇担当のプロデューサー・伊藤康介と交渉するが、たとえジャズ喫茶で人気を博していても何しろ天下の日劇だ。世間一般ではほとんど知名度がない。本当に集客できるのか誰もが訝《いぶか》しんだ。それでも日劇の演出家・山本紫朗《しろう》の口添えもあり、伊藤が日劇を経営する東宝に掛け合い、興行界では客が入らないとされる2月／8月（ニッパチ）なら〝お試し〟として劇場を貸すことができるという回答を得た。

そうして2月8日から1週間、開催されたのが第1回「日劇ウエスタン・カーニバル」だったのだ。

いかにこの公演が手探りだったのかは、美佐がリハーサルのことを完全に失念していたことでもよくわかる。慌てて彼らのスケジュールを確認すると前日の2月7日まで既にスケジュールはびっしり。たとえ数時間でも60人の大所帯を集めるのは不可能だった。

美佐は全身の血の気が引き、へなへなと座り込んでしまった。

「ダメなものはしょうがない。若いんだもの、前の晩一晩あれば、なんとかなるさ」

晋や山本紫朗に励まされた美佐は覚悟を決めた。

「とにかく、七日の晩、仕事が終ったら、すぐ日劇の楽屋に集ってちょうだい」

美佐は出演者たちに大号令をかけた。※2

最初に楽屋にやってきたのは、山下敬二郎だった。落語家・柳家金語楼の息子でその激しいステージ・パフォーマンスに美佐と信子が惚れ込んだ男だ。しかし、山下はバンドメンバーだけではなく20人余りのハイティーンの女性たちを連れ立って楽屋入りしたのだ。彼女たちは、山下の「親衛隊」だった。

「絶対にいけません」

美佐が怖い顔を向けると彼女たちはシュンとし、今にも泣き出しそうな顔をした。その顔を見て美佐はハッとした。彼女たちはただの「ファン」ではない。山下敬二郎を盛り上げようと一心同体で動き支える仲間なのだ。無下にはできない。

「この子たちは俺の仲間だ。2～3人でもいいから楽屋に入れてくれ」

そんな山下の申し出に、「3人まで」という制限で親衛隊の楽屋入りを美佐は許した。[※1]

親衛隊を連れてきたのは山下だけではなかった。ただでさえ狭い楽屋はごった返した。

バタバタはそれにとどまらなかった。

「ちょっと待てよ、それだったら、おれは別に出なくたっていいよ」

ミッキー・カーチスが演出の山本紫朗とケンカを始めてしまったのだ。ミッキーはリハーサル中、妙にマジメに振る舞うのが嫌だったからギャグを飛ばしたり冗談を言ったりしていた。それに対し山本が不謹慎だと注意をしたのだ。何しろ、格式ある日劇のステージだ。だが、若いミッキーにしてみれば、何が日劇だ、という意識のほうが強かった。売り言葉に買い言葉で山本が「日劇に出る新人のロカビリーが生意気だ」と口を滑らせたことで、ミッキーは激怒し、そのまま帰ってしまう事態に発展してしまった。[※3] 美佐が必死にミッキーをなだめ、説得をして戻ってもらい事なきを得たが、そんなギリギリの状態が本番直前まで続いた。

幅30メートル、高さ12メートル、二十数段もある大階段。そこから楽器を演奏しながら次々と歌手やバンドメンバーたちが登場する。山本紫朗はそんな演出を考えていた。だが、大階段の最上段に立つと、彼らの多くが顔面蒼白になった。脚はすくみガタガタと震えだしたのだ。音程は狂い、歌声もうわずっている。

「どうしたのよ、あなたたち?」

美佐が問う、その声も震えていた。

客席は3階席まである大会場。2000人余り入ることができる。ほとんどの出演者はそんな会場で演奏をしたことがない。大階段の最上段から見ると、その会場のスケールの大きさを改めて実感し萎縮してしまったのだ。

その時だ。

「ケイちゃん、がんばってぇー！」

突然、客席からかん高い少女の歓声があがった。楽屋入りを許された親衛隊のひとりだった。それを合図に各親衛隊から声が飛ぶ。この声に押され彼らはいつもの調子を取り戻した。イキイキとパフォーマンスをするようになったのだ。美佐が親衛隊の楽屋入りを許したのは正解だった。

それは思わぬ副産物ももたらした。

「紙テープを投げて、他の人たちをアッと言わせましょ」

リハーサルの休憩中、ある親衛隊の少女たちがそんな話をしているのを美佐は耳にした。親衛隊の少女たちは他の親衛隊と競うように自分たちが支持する「推し」の歌手が一番人気があると見えるように画策していた。

これだ！

美佐は直感した。こうした彼女たちの心理を利用すれば大きな熱狂を生むことができるはずだ。美佐は問屋街の日本橋横山町にタクシーを飛ばし、まだ開店前の店のシャッターを叩き、買えるだけの紙テープを買い込んだ。そして「これを投げて声の限り叫んでちょうだい」と少女たちに配り歩いたのだ。

東京を震撼させた7日間

夜が明ける頃には日劇を囲む少女たちのボルテージはさらにヒートアップしていた。

このままでは危険だと判断し、開場予定時刻の2時間前には客入れを始める。扉が開くとドッと人が押し寄せものすごい勢いで席が埋まっていった。開演前にもかかわらず少女たちは席につくなり、それぞれの歌手やバンドの応援合戦を繰り広げ始めたのだ。それはまさに熱狂と呼ぶに相応しいものだった。

本番が始まると当然、その熱は最高潮に達し狂乱の宴とでも形容されるものと化した。寺本、山下、ミッキー、平尾に加え、中島そのみ、朝比奈愛子、水谷良重《よしえ》ら女性シンガーたちも加わって歌う「ビー・バップ・ア・ルーラ」から「日劇ウエスタン・カーニバル」は幕を開けた。

日劇といえども当時の音響装置は脆弱。少女たちの「キャーー！　キャーー！」という黄色い声援に、自分たちの声が掻《か》き消されてしまう状況で歌わねばならなかった。山下敬二郎は歌声だけでは届かないと判断し、いつも以上に身体を激しく動かし表現すると、さらに大きな歓声が沸き起こった。舞台には無数の紙テープが投げ入れられた。そ

熱狂の日劇ウエスタン・カーニバルのステージ（提供：朝日新聞社）

れがギターなどに絡みつきグルグル巻きになったりもした。紙テープだけではない。トイレットペーパーや女性の下着まで飛んできた。ステージから引きずり降ろされ、ここぞとばかりに少女たちが群がり、キスをしたり、抱きついたり、股間に手を伸ばす。ようやくステージに戻ったころには、衣装もギターもボロボロになっていた。息も絶え絶えになり、舞台でしゃがみ込みながら歌うしかなかった。

「大成功だね」

そんな光景を見ながら舞台袖で山本紫朗が美佐と握手した。傍らには晋の姿もあった。

堀威夫は、その熱狂をこう振り返っている。

舞台にバンドが5つか6つ出ると、それぞれのファン同士で人気を競い合うような形になってああなったんだと思うね。ウエスタン・カーニバルで日本のコンサートが変わったと思いますよ。僕は音楽会というよりスポーツだと思った。勝った負けた、というのがウエスタン・カーニバル。これで興行形態が変わりましたね。それまでは音楽の世界に勝った負けたなんてなかった。

最初はサクラみたいに熱心なやつに紙テープを配ってやらせたのが、伝染病みたいにみんな自分で持ってくるようになっちゃった。駆け上がって抱きついたりなんかするようになってくると、やまとなでしこはそんなことをやると思ってないわけだね。だから日本の女性も変わったなって思ったよね。（堀威夫）

「東京を震撼させた7日間」、あるいは「ロカビリーの7日間」——。

この熱狂は大きな社会現象となった。7日間で観客動員は、延べ4万5000人に達する大盛況だった。

美佐は勢いに乗って翌3月には新宿コマ劇場、4月には大阪北野劇場でロカビリーの公演をかけた。このコマ劇場の公演の様子がテレビのニュース映像で流れたことで、世間の〝大人たち〟から顰蹙《ひんしゅく》を買うこととなった。何しろ、日劇同様の阿鼻叫喚《あびきょうかん》、狂乱のステージだったからだ。「バカビリー」などと揶揄《やゆ》され、山下敬二郎の父・柳家金語楼でさえも「ロカビリーは感化院（註：非行少年、保護者のない少年などを保護し教育するための福祉施設）の学芸会みたい」と冗談交じりに語った。安易に未成年の非行とも結び付けられ、世間から白い目で見られるようになってしまった。その上、テレビからはむこう2年間、ロカビリーはシャットアウトという事態にも陥ったという。[※1] 音楽の専門家からも「地上最低のショウ」[※4]などと酷評された。

だが、だからといってやめるわけにはいかない。

それどころか、ますます勢いづいた。

日劇でのウエスタン・カーニバルは、5月に第2回、第3回が8月、第4回が12月と、「ニッパチ」限定のはずが、この年だけで4回行われた。

日劇を経営する東宝のライバル会社・松竹の大谷竹次郎も気になり、「お前、見てこい」と重役に命じたほどだった。[※5]

平尾昌晃、ミッキー・カーチス、山下敬二郎の3人は「ロカビリー三人男」として売り出され、一夜にして人生が変わっていく。渡邊美佐も「ロカビリーマダム」あるいは「マダム・ロカビリー」と呼ばれ注目された。プロダクションの裏方が脚光を浴びる初めての例だといえるだろう。

音楽評論家の湯川れい子は、日劇ウエスタン・カーニバルを「戦後の和製ポピュラー音楽の重要な出発点」だと評す。[※6]

しかし、それだけではない。

この年、1958年の日劇ウエスタン・カーニバルには、その後、現代の「芸能界」で重要な役割を担う者たちが揃っていた。

渡辺プロダクションの渡邊晋・美佐夫婦は言うまでもない。その美佐の両親で「戦後初の芸能プロダクション」と呼ばれるマナセプロダクションを興した曲直瀬正雄・花子夫婦やその娘の信子や翠、そしてのちに家業を継ぐことになる道枝もまだ10代の頃に会場を訪れている。


2回ぐらい行きました。でも、母から楽屋のエレベーターはひとりでは乗っちゃダメよって言われました。危ないから(笑)。(曲直瀬道枝)

このライブの企画発案者であり「スイング・ウエスト」のリーダーとしてギターを弾

いていた堀威夫は、のちに渡辺プロの対抗馬となる堀プロダクション（現・ホリプロ）を設立した。

僕は、渡辺プロやホリプロのような戦後に新しく生まれたプロダクションを「横文字系」と呼んでいるんですよ。戦前からある「縦文字系」は、マネジメントより興行をやるというのが、主たる業務。その中にも興行をやらないでマネジメントだけやるものもごくわずかあったことはあったんですけど、それもレコード会社の下請みたいな会社が多かった。「横文字系」はその構造を変えたんです。（堀威夫）

スイング・ウエストにはもうひとり「芸能界」で重要な存在となる人物がいた。ドラマーであった田邊昭知《しょうち》である。彼はその後「ザ・スパイダース」の活動を経て、裏方に回り「田辺エージェンシー」を設立する。

山下敬二郎のバンド「ウエスタン・キャラバン」のリーダーは相澤秀禎《ひでよし》。彼はのちに「サンミュージックプロダクション」を立ち上げた。

山下敬二郎の付き人であった井澤健はその後、「ザ・ドリフターズ」のマネジメントを長年担当し「イザワオフィス」を指揮した。

平尾昌晃のマネージャーを務めていたのは「呼び屋」として名を馳せる永島達司《たつじ》だ。のちにビートルズ招聘を成功させるプロモーターである。平尾自身もやがて裏方に回り作曲家として大成することになる。それはミッキーも同様で、キャロルなどのプロデューサーとしても力を発揮していった。

夏に行われた第3回には「井上ひろしとドリフターズ」も参加。ここには、のちに「第一プロダクション」を興す岸部清がいた。「上を向いて歩こう」で世界的ヒットを飛ばす前の坂本九がドリフターズのバンドボーイからメンバーに昇格し、日劇ウエスタン・カーニバルの舞台を踏んだのもこの回だ。リトル・リチャードの「センド・ミー・サム・ラヴィン」を歌い上げた。その坂本九の勇姿を見ようと客席にいたのは、彼の同級生でもあった飯田久彦だった。第一プロに所属し歌手としても「ルイジアナ・ママ」で大ヒットすることになる彼もまた、のちに裏方へと回り、ディレクターとしてピンク・レディーなどを育てていくことになる。

堀とともに、このライブを発案した草野昌一は雑誌『ミュージック・ライフ』で日本のポピュラー音楽文化を啓蒙するとともに訳詞家「漣 健児《さざなみけんじ》」として和製ポップスの源流を生み出した。その『ミュージック・ライフ』にも執筆し、ブレーン的立場でウエスタン・カーニバルを支えたのが日本のテレビ草創期を代表するテレビマンの井原高忠《たかただ》だ。既に日本テレビの局員として番組制作をしていたが、元々はバンドマン。かつての同僚である堀らを外側から支援していた。また、ジャズミュージシャンとして活躍していた中村八大《はちだい》は、渡邊晋から日劇ウエスタン・カーニバルを観て勉強するようにと言われ日劇を訪れていた。その帰り道、有楽町の路上で永六輔とばったり会い、その後、数多くのヒット曲をつくるいわゆる「六・八コンビ」が誕生するのだ。

加えていえば、この後の日劇ウエスタン・カーニバルではジャニーズ事務所のジャニー喜多川も重要な役割を果たすことになる。

つまりは戦後日本の芸能界を支える代表的な〝横文字系〟芸能プロダクションの創設者の多くが日劇ウエスタン・カーニバル関係者であり、それを表から裏から支える人物もそうであった。現代日本の「芸能界」は、日劇ウエスタン・カーニバルから始まったと言っても過言ではないのだ。

本書は、日劇ウエスタン・カーニバルに青春を捧げた若者たちの群像劇である。

同時に芸能プロダクション、ひいては「芸能界」という芸能ビジネスの〝起源〟をめぐる物語だ。

大手芸能プロダクションからタレントの独立が相次いだり、公正取引委員会が独占禁止法につながる恐れがあると「注意」を与えるなど、芸能ビジネスが岐路に立たされている現在、その始まりがどんなもので、どのように変遷し、いかに発展していったのか、それを整理することは、「芸能界」の未来を探る上で、道標となるはずだ。

第1部　進駐軍とジャズブーム

1章　仙台の曲直瀬家

はじまりの川

北上川は岩手県から宮城県を流れる約250キロメートルにわたる東北最大の河川である。その流域は、東北の戦後復興の拠点として期待されていた。つまりは、戦後東北の「はじまりの川」と言えるだろう。

1945（昭和20）年8月15日、日本は「敗戦国」となった。長い戦争によって荒れて痩せた大地。そこに住む人々は貧困と飢餓に苦しんでいた。だが、そんな中でも人々は、胸の奥底に「新しい時代」のはじまりの予感を抱き、必死に前を向こうとしていた。

ある朝のことだ。北上川が流れる宮城県登米《とめ》郡登米《とよま》町（現在の登米市）にひとりの進駐軍将校が馬に乗ってやってきた。登米は仙台から北に約70キロ。宮城県の北部に位置する人口８０００人の小さな町だ。登米市（登米郡8町と本吉郡津山町の合併により成立）は、２０２1年のNHK朝ドラ『おかえりモネ』の舞台のひとつにもなった地域だ。

将校は頭を抱えていた。見渡す限りの田んぼと畑。わずかに家屋はあっても、彼の目にはただただ同じ風景にしか見えなかった。やがて方向感覚を失い道に迷っていた。一体いつになったら役場に辿《たど》り着けるのか。道行く日本人に話しかけても、英語がわからずただニヤニヤ微笑みかけられるか、酷い時は、一目散に逃げられる始末。途方に暮れていた。

ふと、川沿いを散歩している老婆が目に入った。どうせまた徒労に終わるのではないか、と思いつつも、他に方法はない。将校は彼女の元に馬を走らせ、「ハイ！」と声をかけた。そして、役場にはどうやって行ったらいいのか、とゆっくりとジェスチャーを交えて尋ねた。

「この道をまっすぐ行くと、向こう側にありますよ」

彼女は、流暢な英語でそう答えた。将校は心底驚いた。なにしろ、こんな田舎道で、しかも老婆が綺麗な英語を喋っているのだ。信じられないという表情を隠せないでいると、彼女は続けてこう言った。

「うちの嫁はもっともっと英語が達者ですよ」

その老婆の名は曲直瀬ユキヱ（行義枝）。そして、彼女が「もっと英語が達者」だと紹介した「嫁」こそ、曲直瀬花子である。のちに「渡辺プロダクション」を渡邊晋とともに興す美佐の実母だ。

将校は仙台の軍本部に戻るとすぐに「登米に英語を話せる日本人がいる」と報告。程なくして、進駐軍から花子に、半ば強制的に呼び出しがかかった。そうして、花子は通訳兼セクレタリー（秘書）として進駐軍に迎えられた。

オリエンタル芸能社

同じ頃、仙台には進駐軍専用のダンスホール「ミヤギ」が開店した。当時の仙台市は一面焼け野原だった。終戦間際の7月10日、124機のB‐29による波状攻撃を受け、市の中心部のほとんどが壊滅的な被害を受けたためだ。死者1000人を超える大空襲だった。そんな「廃墟」と化した仙台に進駐軍がやってきたのは、終戦から1か月後の9月15日。彼らにとって貴重な〝娯楽〟を与えるために「ミヤギ」が建てられたのだ。

当初は東京からバンドを呼んでいたが、やがて地元の日本人がユーホニック・オーケストラを編成し演奏していた。

一面焼け野原だったため、「ミヤギ」で演奏すると、その音が仙台駅など、市内中に聴こえてきたという。それは新しい時代の足音であるかのようだった。

ユーホニック・オーケストラの一員だった小野義徳はこう証言している。

「最初のころ、ユーホニックは仙台で唯一のオーケストラでしたから、どこのキャンプに行っても非常に優遇された。（略）月給は高いし、待遇もいい。ぼくらもまだ若かったから、一種のエリート意識というか誇りを持っていましたね※7」

だが、まもなくその勢力図が一変する。

1946年4月、進駐軍の通訳兼秘書をしていた曲直瀬花子とその夫・正雄が「オリエンタル芸能社」を設立したのだ。オリエンタル芸能社は一気に仙台におけるバンドマン招聘などの進駐軍ビジネスをほとんど独占し、その勢いで東北一帯の進駐軍マーケットを掌握していった。このオリエンタル芸能社（のちのマナセプロダクション）こそ、現存する最古の戦後生まれの芸能プロダクションのひとつであり、曲直瀬家は、日本における現代型芸能プロダクションの始祖である。言うなれば、戦後芸能プロダクションの歴史は、馬に乗った米兵と老婆の偶然の出会いから始まったのだ。

横浜の名家

花子が流暢な英語を操ることができたのは、その血筋と家庭環境に起因している。

彼女の実家である牧野家は、国際色豊かで明るくオープンな家庭だった。江戸時代末期、イギリスからジョセフ・ヒギンボサムという青年が開国された横浜港に降り立った。そこで出会ったのが牧野キン。ふたりは恋に落ち、結婚。5人の子宝に恵まれた。そのうちの次男・暎次郎が、花子の父にあたる。暎次郎は、日本人とアメリカ人のハーフであるケティ・キーツ（日本名・年枝）と結婚。1900（明治33）年、長女として花子が生まれた。花子の下には弟が5人、妹がひとりいる。

暎次郎は「ヒギンボサム・カンパニー」を設立し、貿易商を通して「横浜の小財閥」といわれるほど財をなし、高島台一帯に広大な土地を所有していた。花子は、東洋英和女学校（現・東洋英和女学院）で学び、家族との日常会話も英語だったほど、英語が堪能だった。ちなみに東洋英和女学校の3年後輩には朝ドラ『花子とアン』のモデルとなった『赤毛のアン』の翻訳家・村岡花子もいた。

曲直瀬正雄と牧野花子が出会ったのは、1923（大正12）年9月1日。そう、関東大震災の日だった。

震災は、東京だけでなく、横浜にも甚大な被害をもたらした。いや、むしろ震源地は神奈川のほうが近く、住家全壊棟数が1万2000棟の東京に対し、人口が当時5分の1だった横浜は1万6000棟もの住宅が全壊したほど深刻だった。横浜の中心部は300か所近くから火災が発生し、あっという間に炎に包まれた。多くの市民が避難してきたのが高島台にある牧野家の敷地だったのだ。その中に正雄はいた。

当時18歳の正雄は自身も被災者であるにもかかわらず、炊き出しなどを積極的に手伝い、かいがいしく避難民の世話をしていた。その姿を見て4歳年上の花子は胸を打たれた。

1927（昭和2）年にふたりは結婚。長男・幸一は生まれたばかりで夭折したが、1928年には長女・美佐が生まれ、その後も美枝、翠、信（通称・信子）、陽造、敏雄、道枝と、二男五女の子宝に恵まれた。アイデアマンだった正雄は、美術ケースの製造を始め、三越百貨店に納品する卸商を営むようになった。

〝父は人好きのする人だったので、死ぬまで三越で買い物をしていました（笑）。堅いうるさいおじさん〟という感じの印象を皆さん持っているんですけれども、実際は新し物好きのモダンボーイでしたね。（曲直瀬道枝）

子どもたちの教育係は、父方の祖母・ユキヱが担当した。彼女は、横浜フェリス女学院で外国人女性宣教師の通訳や、宮城女学院の講師を務めたほどの筋金入りの教育者で、行儀作法やしきたりなど厳しくしつけられた。

そんな曲直瀬家は歴史に名を残す家系でもある。室町時代末期、日本に中国医学を実践的に紹介し、〝日本医学中興の祖〟として田代三喜・永田徳本などと並んで「医聖」と称される曲直瀬道三を祖先に持ち、その子孫は代々医者をしていた。だが、14代目の盛明が22歳で早世すると、家名が断絶。13代だった長女・ユキヱと結婚していた九段教会牧師の山鹿《やまが》旗之進は、その名が途絶えるのを惜しみ、次男の正雄に曲直瀬家を継がせたのだ。

山鹿家もまた名家で、先祖を辿ると山鹿素行《そこう》に行き着く。素行は、江戸前期の儒学者として山鹿流の兵学を唱えた。有名な赤穂浪士の吉良邸討ち入りの際に、大石良雄が打ち鳴らしたのが「山鹿流の陣太鼓」。これは創作とも言われているが、それだけ山鹿流の名が知れ渡っていたということの証左だろう。

太平洋戦争が始まってもしばらくは、その影響を感じさせない豊かな暮らしをしていた一家だったが、戦争末期ともなると戦禍が忍び寄ってくる。１９４４年の暮れ、B-29が神奈川県に焼夷弾を落としたという情報を聞きつけた正雄は翌年、曲直瀬家のお手伝いを長年勤めていた女性の郷里である登米の駅前の一軒家を借り、まず祖父母と妹弟4人を疎開させた。横浜に残ったのは、両親と長女の美佐、そして末妹の道枝。しかし、１９４５年5月29日、約44万発の焼夷弾が落とされた横浜大空襲が残された一家を襲った。命からがら生き残った4人はすぐに祖父母たちが待つ登米に疎開したのだ。

ジャズの一大拠点

「オリエンタル芸能社」は「趣味人」だった正雄の発想から始まった。

母（花子）はとても頭のいい人だったので、日本のことも知っているし、海外のこともよく知っているので、とても信頼されて、進駐軍の司令部の皆さんとブレーンストーミングみたいなことをする立場になっていたんです。父（正雄）は戦前から音楽にはなじんでいたし、進駐軍のラジオなんかでジャズにも触れていました。遊び人気質だった父は、この人たちの演奏を生で聴きたいと思ったんです。それで、母経由で提案して、日本に駐留している人たちの中でジャズが演奏できる人たちをあちこちから集めて青葉城でコンサートを開きました。だから最初のコンサートはみんな兵隊の服装で演奏してるんです。（曲直瀬道枝）

以降、オリエンタル芸能社は、東京などからバンドマンや歌手、芸人たちを呼び、仙台各地の進駐軍基地キャンプなどに送り込む仕事を精力的に行うようになった。

　オリエンタル芸能社の拠点のひとつになったのは、仙台市上杉にあった佐竹旅館だ。ここが、バンドマンたちの常宿となり、タップダンスの中川三郎ブラザーズ、奇術の松《しょう》旭斎天勝《きょくさいてんかつ》、まだ幼かった曲芸の海老一染之助・染太郎、無名時代の江利チエミや雪村いづみらも泊まっていたという。江利チエミは当時をこのように回想している。

「仙台の仕事が多かったわね。原町キャンプとか多賀城キャンプ、ひとの道教団の社を接収した花京院の将校クラブとか。ほとんどのところへ行った。（略）曲直瀬のママは目鼻立ちが大きくて、子供から見ると最初のうちは恐いなあと思った。ところが、実際

にはすごく優しくて、それに親切だった」※7

江利チエミは花子のことを「ママさん」などと呼び、親しんだという。そんな彼女はやがて進駐軍仕込みの「テネシーワルツ」で歌謡界にデビューし、大ヒットを飛ばすことになる。

日本のジャズは東北から出てきたという一面もあるんです。ナンシー梅木さんも北海道からどうしてもジャズをやりたいからアメリカへ行きたいと思ったんだけど、「まず仙台に行って曲直瀬さんのところの音楽に触れたい」と言って、仙台にしばらくいたそうです。実は仙台はジャズの一大拠点のようになっていたんです。ジョージ川口さんや中村八大さん、松本英彦さんも来たことがあるし、平岡精二さんも来た。それこそ美佐と出会う前の渡邊晋さんもね。（曲直瀬道枝）

花子は進駐軍の兵隊たちが憧れるほどの上品で綺麗な、いわゆる「キングズ・イングリッシュ」を使っていた。その英語力を駆使した政治力は大きな武器だった。苦竹《にがたけ》キャンプの司令官・ポールセンらを始めとする米兵たちに篤い信頼を受け、「仙台に曲直瀬あり」と知られるようになっていった。

母は自分で主体的に何かをするというんじゃなくて、人の役に立ちたいというタイプの人だったので、行動力は外国人的なんだけどハートは日本人的。父のアイデアをどうやったら実現できるかを考えて動いていたんです。（曲直瀬道枝）

当初、夫婦は子供たちを登米に置いたまま、仙台で仕事をしていた。そのため、家にはほとんど帰らなかった。その頃、既に長女・美佐は家を出ており、近所の女性を家政婦として雇い、次女の美枝が中心となって、下の妹弟たちを世話していたという。時折、正雄が進駐軍のジープに乗って帰ってきては、ハーシーのチョコレートやリグレーのガム、キャンベルのスープを土産に持ってきた。家には丸みのある大きな冷蔵庫もあり、当時の日本人が憧れていた「アメリカ」が曲直瀬家には既にあった。

町の養蚕小屋を改造して即席のダンスホールを作り、そこで美枝らがダンスパーティーを開いたりもしたという。田舎町の中にあってハイカラなファッションと言動をする美人姉妹はあまりにも目立っていた。特に「原節子のよう」と称えられた三女・翠の美貌は評判だった。

一家が両親の住む仙台に引っ越したのは1952年のことだ。

曲直瀬の娘

「曲直瀬家は代々続く医者の家系なのよ」

祖母のユキヱから嫌になるほど聞かされて美佐は育った。長女だったため、大きなプレッシャーを感じ、勉強に励んだ。理数系は得意で、青木小学校時代はIQ検査で全校1位の成績を収めたこともある。勉強だけでなく運動も得意だった。小学校を卒業し、ミッションスクールの捜真女学校に入学した美佐は水泳部に所属。当時はまだ珍しかったプールで、あまり泳げる人がいなかった背泳ぎの練習をしていた彼女は、1年生の時、東京・神宮で開催された東京・横浜・川崎3市対抗水泳大会に出場。6位入賞を果たし、新聞に名前が載った。これが美佐の〝新聞デビュー〟である。

前述のように戦時中は、宮城の登米に疎開。戦後、1946年に仙台のミッションスクール宮城女学院に編入し、母とともにいち早く仙台で暮らすようになった。演劇部に入った彼女は、暇を見つけては市内の映画館に行き、西洋のラブロマンスに胸を躍らせていた。

進駐軍のパーティーがあると「オリエンタル芸能社」の花子は必ず招かれていた。派手な和服と美しい英語はパーティーの華として際立っていた。やがて、彼女は毎月１回「信和会」（のちに「如月会」）という仙台版「鹿鳴館《ろくめいかん》」ともいえる進駐軍将校と地元有力者の親睦パーティーを開催するようになったという。[※7] このパーティーに母とともに参加していたのが、美佐だ。きれいな和服にお下げ髪の少女。英語も達者で、ジャズ好きな彼女はたちまち将校や夫人たちの〝アイドル〟になった。

「一度だけの人生なら楽しくやりたいことをやらなくちゃあ」[※8]

そう考えた美佐は、東京の大学を受験する。当時は「良いご縁を得て結婚する」というのが女性の幸せと考えられていた時代だが、美佐にはそんな考えはまるでなかった。そうして、１９４８年、日本女子大学文学部英文科に入学し、上京を果たす。

勉強の合間、女子大の泉山《せんざん》寮の寮舎で進駐軍放送「ＷＶＴＲ」（のちのＦＥＮ）を聴くのが何よりの楽しみだった。テーブルを片付けた食堂でドリス・デイが歌う「センチメンタル・ジャーニー」を流しながら同級生と踊り明かした。

銀座のジャズ喫茶に行くようになったのは、父・正雄から頼まれたのがきっかけだった。正雄も東京にやってきては、東北へ連れて行くバンドの編成などをやっていたが、手が回らない時は、美佐に手伝ってもらったのだ。美佐もジャズやポップスが好きだった上、それで両親の力になれるのは嬉しかった。

「さあ、銀ブラでもしない？」

やがて、授業が終わると友人たちを連れ〝銀ブラ〟するのが日課になっていった。当時は、銀座が一番オシャレな街だったのだ。寮の門限は夕方6時。銀座に遊びに行くととても門限には間に合わない。門は閉まっているし、その横には寮監の先生が目を光らせている。仕方なく、「失礼」と声をかけ、友人の部屋の窓から寮舎に帰るような日々が続いた。

銀座でよく訪れたのはアメリカンスタイルの「チョコレート・ショップ」。その店の上の階には、ナイトクラブ「銀馬車」があり、「与田輝雄とシックスレモンズ」や江利チエミらがレギュラーで出演していた。だからチョコレート・ショップは、ジャズメンやジャズファンのたまり場のようになっていた。そこで知り合ったのが、慶應大学の学生バンド「クール・ノーツ」だ。既に美佐はジャズメンたちの間で「オリエンタル芸能社の曲直瀬の娘」として名が通っていた。

「通訳になってくれないか？」

クール・ノーツのメンバーに言われ、彼女は通訳兼事実上のマネージャーの仕事を引き受けた。主に北区・王子にあった米軍キャンプで活動をし、やがて、やはり慶應大の「リズム・キャンドル」ら4バンドのマネージャーとなった。

彼女が進駐軍のクラブと聞いてまず思い出すのは、食べ物だという。

「真っ白なパンとツナフィッシュサンド。それからコカ・コーラ。あとBLTサンドかしら。ベーコンとレタスとトマトのサンドウィッチ、あれはほんとにおいしかった」[※9]

食糧難の時代、楽屋に行けば、普通では日本人には手が届かないサンドウィッチがたくさん用意されているのだ。バンドマンたちへの待遇は破格だった。

仙台時代も母の手伝いで進駐軍キャンプに出入りし、バンドの譜面配りなどをしていたから、マネージャーの仕事の心得もある程度はあった。「曲直瀬の娘」という看板とその英語力は思いの外、強力だった。しかも、若い女性というのは珍しい。進駐軍クラブの仕事が驚くほど舞い込み、その評判がさらなる仕事を生んだ。マネージャーの依頼も殺到した。

それぞれのクラブに見合うバンドを売り込み、仕事を獲得する喜びは格別だった。だが、それ以上に彼女は観客である米兵たちの楽しそうな顔を見るのが好きだった。若い兵士が演奏されるジャズに身体を揺らし、同伴した女性たちとダンスを踊る。その光景は夢に見た映画『グレン・ミラー物語』そのまま。美佐にとってそこは夢の世界だったのだ。

仙台からの撤退

1954年のある日のことである。正雄と花子らオリエンタル芸能社の社員たちは夫婦の自宅兼事務所で、お茶を飲みながらくつろいでいた。正雄は、進駐軍から仕入れた煙草「ラッキーストライク」をふかしながら談笑している。

そこに、専売公社のGメンが踏み込んできたのだ。

「なに?」

突然のことに何が起こっているかわからない正雄は、煙草をくわえたまま呆然としていた。有無を言わせず2階に駆け上がったGメンたちは、押し入れにしまってあった50カートンもの煙草を押収。正雄は、煙草密売容疑で仙台北署に検挙されたのだ。

米軍から仕入れたラッキーストライクなどの外国製品を日本人に2倍以上の値で売っ

ていた。この事件により、オリエンタル芸能社はしばらく東北のキャンプから締め出されてしまったのだ。

その前々年の1952年、サンフランシスコ講和条約が発効。日本は被占領国から独立国になった。多くの日本人にとってそれは喜ぶべきことではあったが、米軍キャンプで仕事をするものにとっては死活問題だった。米軍キャンプの撤収が進み、米軍相手のビジネスの規模は急激に小さくなっていった。それは仙台も、もちろん例外ではなかった。

1954年4月16日、仙台苦竹管区司令官ポールセンは、同管区内の人員整理を行うことを通告。まずキャンプ内で働いていた日本人50名が解雇となった。また、それまで日本政府が負担していた米軍慰安のための芸能人の出演料などを進駐軍側が負担することになり、予算が大幅に削減されることとなった。

正雄が検挙されたのは、そんな矢先のことだった。

時代が大きく変わろうとしていた。

夫婦は決断を迫られた。地方で事業をしている者の多くは「東京進出」がひとつの夢である。だが、正雄の考えは反対だった。地方である仙台が拠点になっていることが痛快だったのだ。けれど、状況はそれを許さなかった。

そうして1954年の夏、曲直瀬家は、仙台からの「撤退」ともいえる形で東京に事務所を構えることとなった。だが、それはやがて「マナセプロダクション」と名を変え、のちに山下敬二郎、水原弘、坂本九といったスターを生んでいくことになるのだ。

ちょうど同じ頃、アメリカからの独立に沸く日本には空前のジャズブームが巻き起こっていた。

2章　占領下のバンドマン

戦前派と軍楽隊出身者たち

「これからはズージャだ。ズージャをやれよ」

「ズージャって何？」

「ジャズだよ。ジャズをやったらサンドィッチは食えるし、コーラは飲めるし、ルービーだって飲めるんだぜ[※10]」

海軍軍楽隊員だった原信夫《のぶお》は18歳で終戦を迎え、途方に暮れていた。楽器の練習は欠かさなかったが、プロになるといった確固たる思いを抱けるような状況ではなかった。そんな時、軍楽隊仲間から「東京で音楽活動をしていて仕事もあるから出てこないか」という便りをもらい、すぐにアルト・サックス一本を持って上京。友人の紹介で帝国劇場の専属オーケストラ「東宝交響楽団」のオーディションを受けた。だが、オーディション会場を出ると、別の軍楽隊仲間のフルート奏者・野沢猛夫とばったり遭遇したのだ。

「今、オーケストラのテストを受けてきたばかりなんだ」と原が言うと、野沢はきっぱり言い放った。

「クラシックをやったって飯は食えないからやめろ」

東京は空襲で焼け野原。クラシックを演奏する機会なんてほとんどない、これからはジャズの時代だと。


1945年8月30日、遂に連合国最高司令官ダグラス・マッカーサー元帥が、バターン号で厚木海軍飛行場に降り立った。コーンパイプをふかしながら、開襟シャツという軽装。そのラフな出で立ちとは裏腹に、マッカーサーとGHQは日本に対して絶大な権力を持っていた。約7年の占領期間中、日本政府に出した指令や覚え書は実に約2500件に及ぶ。1日1件の計算だ。

そのひとつに、1945年10月2日に発令した「調達要求の物資や役務の範囲」についての覚え書がある。「サービスの部」第10項には「特殊慰安（音楽・演劇・相撲など）」

として芸能提供が掲上された。こうした要請に従う形で「ＲＡＡ（特殊慰安施設協会）」に「食堂部」「キャバレー部」「慰安部」「遊戯部」「特殊施設部」「物産部」などと担当内容が拡充されていった。中でも重視され、需要が大きかったのが「芸能部」の一端を担う「音楽」だった。米軍の各施設ではバンドマンたちの演奏を欲した。日本人立入禁止の米軍向け歓楽街も次々生まれ、そこでもやはりバンドマンたちが求められた。そうした芸能人たちの出演料はすべて日本政府が賄った。

だが、敗戦してすぐの頃。長きにわたる戦時中、娯楽を禁じられて日本人の中で楽器を演奏できるものは少なかった。そこで渡辺弘（１９１２年生まれ。日本を代表するサックス奏者）を始めとする戦前からのジャズメン、いわゆる「戦前派」とともに大きな役割を果たすことになるのが軍楽隊出身者たちだ。

陸軍や海軍に所属し、戦意高揚などの目的で、行進曲、オペラの序曲などを演奏していた彼らは毎日のように楽器に触れ、その技術を高めていっていた。戦後、彼らの多くは「とても音楽なんてやれる状況ではなくなる」と不安を抱えながらも、民間での吹奏楽指導者や、ＮＨＫ交響楽団や東京放送管弦楽団、東京都音楽団などクラシックの分野に職を求めていた。原も当初は、クラシック奏者を志向していたが、野沢の言葉に心を動かされた。

原はそれまでジャズなど聴いたこともなかった。だが、横浜のキャバレーなど進駐軍向けにジャズを演奏するようになり、やがて「シャープス&フラッツ」を結成し、日本のジャズを牽引していく。原のような軍楽隊出身のバンドマンが進駐軍慰安を支えたのだ。

つい数か月前までは、〝鬼畜米英〟への戦意高揚を煽る演奏をしていた彼らにとって、それは屈辱的なことだったのかもしれない。昨日まで「敵国」だったアメリカ兵たちを喜ばせているのだ。キャンプでの演奏経験のある三木鶏郎《とりろう》（1914年生まれ。伝説的なラジオ番組『日曜娯楽版』の構成・演出・作詞・作曲・出演で人気を博した「冗談音楽」やコマーシャルソングの第一人者）は米軍のパーティーの様子を見て「豪華絢爛たるアメリカ社会の一端を目の当たりに見て、敗戦下の実感と屈辱をひしひしと感じた」と綴っている。[※11]

それでも彼らは、進駐軍施設で演奏するのをやめなかった。もちろん、当時の日本人には考えられないような高待遇だったことも大きな理由のひとつだろう。また、好きな音楽を目一杯やれるというのも大きかったはずだ。加えて、当時のバンドマンは日本では「楽隊屋」などと呼ばれ、「河原乞食」扱いされていた。けれど、一歩足を、進駐軍クラブに踏み入れると、ミュージシャンとして最大限、尊重され、喝采を浴びるのだ。音楽と娯楽を愛する者にとって、そこは楽園だったのだ。

拾い

「これからはジャズの時代。アメリカの兵隊さんが持ってきたラジオから流れてくるのは何だか知ってるか。ジャズばっかりや。日本でもはやるぞ」[※8]

1944年に早稲田大学法律学科に入学した渡邊晋は、在学中に終戦を迎えた。敗戦の影響は渡邊家に深刻な影を落とした。父・泰は日本銀行に勤めたエリート。戦中は北支の銀行に出向していたが、戦争協力者として公職追放の憂き目に遭ってしまう。家長が失業したことにより一家はたちまち困窮した。晋の元に生活費はおろか学費が届かなくなってしまった。なんとかして、自分の学費や生活費を稼がなくてはならない。

そこで晋が目をつけたのが「ジャズ」だった。

下宿先でトロンボーンを吹いていた2年先輩の塩崎達成の「ジャズがはやる」という言葉に「音楽でメシが食える時代になるということですか」と晋は目を光らせた。晋が音楽を始めたのは、最初から金のため、ビジネスのためだったのだ。

そのため、晋は需要と供給のバランスも冷静に判断できた。ある程度弾けるようになったギターに早々に見切りをつけ、すぐにベースに転向したのだ。現在、「ベース」といえばギターとほぼ同じサイズのものを想起する人がほとんどだろうが、当時のジャズバンドの「ベース」はコントラバスのこと。地味な上に、大きくて持ち運びが不便なため、担当するプレイヤーは多くはなかった。だったら楽器素人の自分でも付け入る隙はあるかもしれない。晋は徹底的にビジネスライクに考えて、ベーシストになったのだ。

もっとも良い報酬を得られたのはやはり進駐軍関係の仕事だった。東京・横浜だけでも83か所ものキャンプが存在しており、そのキャンプ回りは晋のようなアマチュアバンドマンにとっても〝おいしい〟仕事だった。

キャンプには軍人の階級によってOC（将校クラブ）、NCO（下士官クラブ）、EM（兵員クラブ）といった飲食と芸能ショーを提供するクラブが多数存在していたため、バンドの需要が膨れ上がっていた。従って、前述したような〝戦前派〟のジャズメンや、軍楽隊出身のバンドマンだけではとても供給が追いつかない。だから、演奏技術に目をつぶってでも、アマチュアバンドが仕事にありつけたのだ。

戦後のはしりのときは軍楽隊上がりね。それに影響されて、渡邊晋さんたちが第2ジェネレーションになるのかな。第2世代になると、慶應大学とか学習院という割合いいところの人たちが、バンドをやりはじめたんです。楽器が高くて手に入りにくい時代だからね、あまり豊かじゃない家庭の子には買えないわけ。（堀威夫）

年間7000円の学費を払えず、単位も取ることができなかった晋は、大学に見切りをつけ、音楽で生計を立てることを決意する。1948年のことだ。晋は東京駅の丸の内北口に出かけていくのが日課になった。そこには毎日「U. S. Army」と書かれたトラックが何台もやってくる。トラックはその日のショーで演奏するバンドマンをキャンプに連れて行くためのものだ。〝売れっ子〟のバンドにまず声がかかり、その後、足りない要員を補っていく。晋は「スイングボックス」というジャズバンドのメンバーとなった。単独でいるより、バンドの一員のほうが有利だからだ。[※8]

「トランペット吹けるやつはいるか?」

そこで手を挙げればその日の仕事にありつける。中には楽器すら弾けない〝立ちん棒〟などと呼ばれる者もいたが、何しろ人が足りない。数合わせのため連れて行かれることもあった。

こうしたバンドマンを集めトラックで迎えに行く仕事は俗に「拾い」と呼ばれた。市場が生まれると、新たな仕事が生まれるのは自然の摂理。そのひとつが「楽器の一時預かり所」。その名のとおり、バンドマンが「拾われる」までの間、楽器を保管してもらう場所だ。東京駅北口と並ぶ「拾い」の拠点だった新宿駅南口にも3軒の「預かり所」ができたという。※11

そんな新宿駅南口に通っていた者のひとりが、かまやつひろし（ムッシュかまやつ）だ。彼は高校生になった1955年頃から新宿駅南口に通うようになった。かまやつは以下のように回想している。

新宿の南口にあった小荷物預かり所に楽器を預けておき、夕方四時とか五時に新宿駅南口に行くと、兵器や弾丸を運ぶ米軍のトラック、ウェポン・キャリアがやって来る。そこに手配師がいて、集まっている連中に声をかけるのだ。

「今日は上瀬谷のオフィサーズ・クラブでカントリーやるぞ。ヴァイオリン弾けるヤツいるか」

「きょうは厚木だ、ギターはいるか、ベースは？　ドラムは？」

そういいながら、一人ひとり拾われていき、そこで初めて会った連中と、ウェポン・キャリアに乗せられて、キャンプや、わけのわからない米兵専用の酒場に連れて行かれ、演奏して帰って来る。そういう、ちょっと恐い〝拾いの仕事〟をずいぶんやった。カンペキに日雇い労働者である。※12

そのようにして、ミッキー・カーチスや平尾昌晃、雪村いづみ、江利チエミ、寺内タケシ、クレイジーキャッツ、堀威夫、相澤秀禎、そして田邊昭知……、数多くのミュージシャンが米軍キャンプに「拾われ」て、育っていったのだ。

天才少年

1951年、渡邊晋は非情なる決断をした。

自分と、若き天才ピアニスト・中村八大だけを残して、バンドのメンバーを総入れ替えすることに決めたのだ。八大と双璧をなせる力強く個性的なソロプレイヤーであるテナー・サックスの松本英彦が必要だと考えたことが理由のひとつだった。なんとか松本に見合うバンドにしなければならない。そう考えた晋は、半年以上かけて納得の行くメンバーを揃えながら、毎日のように松本の元を訪れ粘り強く説得。遂に松本が加入を承諾し、同年10月、「渡邊晋とシックス・ジョーズ」が結成されたのだ。

渡邊晋が松本英彦加入にこだわった背景にあるのは、進駐軍キャンプの出演料決定のシステムにあった。

前述のように、需要が圧倒的に上回っていたため、バンドの出演料は急騰していった。それに歯止めをかけるため、GHQは、「終戦連絡中央事務局」に、ライセンスの発行と、ジャズメンの実力に応じた適正な出演料を定めるように求めた。

それを受けて1947年夏に始まったのが特別調達庁による格付け実演審査、つまりオーディションである。審査会は第一（軽音楽）から第六までにわかれ、格付は演奏技術はもちろん、品性や観客を喜ばせる娯楽性も重視された。「スペシャル」を意味するSA~SC、その下にA~Fまでのランクに分けられ、[※7]このランクごとに最初の1時間あたりの演奏料と、延長した場合の加算料がそれぞれ決められていた。従って、バンドマンにとってこのオーディションの結果は死活問題だったのだ。渡辺弘とスターダスターズなどが最初の「SA」に選ばれた。

晋が信頼を寄せていた中村八大は、一家で中国・青島に住んでいた小学3年生の頃、ラジオで聴いたドヴォルザークの交響曲第9番「新世界より」に魅了された。音楽の英才教育を受けた八大は、1944年に日本に戻り、終戦を迎える。中学生になっていた八大は兄とともにプロの歌手や音楽家に混じって、北九州の炭鉱町でピアノを弾いて回り、いつしか「天才少年」と噂されるようになっていた。そして高校3年のときに早稲田高等学院の編入試験を受け、1949年春に上京。翌年、そのまま早稲田大学に進学したのだ。

「ギャラは折半、（略）仕事は全部オレがとってくる」※8

渡邊晋は、19歳の中村八大に単刀直入に声をかけた。八大がこの誘いに応じ、1950年「ファイブ・ジョーズ&ア・ジェーン」が結成されたのだ。

大卒公務員の初任給が5000円にも満たない時代に、最低ランクのバンドでもひと月で1万円以上稼ぐことができたという。晋は八大と折半しても2万8000円ものギャラが手元に残った。※13

晋は八大と組んですぐ、その傑出した音楽的才能を確信した。八大が「ベースは上手とはいえなかったけど、マネジメントの腕は凄かった」※13と晋について回想しているように、バンド運営のリーダー、そしてマネージャーとして抜群の能力を発揮した晋は、最年少の彼を音楽面のリーダーに指名することに躊躇はなかった。八大を得て、バンドの格付けは上がっていった。けれど、晋はそれだけでは満足しなかった。このままでは限界がある。だから、八大と双璧をなす才能である松本英彦を得るため、八大以外のメンバーを総入れ替えする決断を下したのだ。

そうして、1951年10月、渡邊晋（ベース）、安藤八郎（ビブラフォン）、宮川協三（ギター）、南廣（ドラムス）、中村八大（ピアノ）、そして松本英彦（テナー・サックス）による「シックス・ジョーズ」が誕生した。特別調達庁によるランク査定は「スペシャルB」に飛躍した。

発足するとすぐシックス・ジョーズは横浜のナイトクラブ「ザンジバル」と契約。翌年1月には銀座のクラブ「ハト」などで日本人の観客に向けても演奏するようになった。

晋と美佐が出会ったのは、そんな頃だった。

晋と美佐

「やあ。また会ったね」

美佐は、銀座の一流ナイトクラブ「ハト」に入る階段で男に呼び止められた。その男こそ、渡邊晋である。

初めてふたりが出会ったのは鎌倉の由比ヶ浜だった。夏になると学生バンドのメンバーはジャズクラブ「リビエラ」で演奏していたため、そのマネージャーを務めていた美佐も同行していた。そこで演奏していたのが渡邊晋とシックス・ジョーズだった。

「色の白い人だな」

それが美佐の渡邊晋への第一印象だった。

「ずいぶん色の黒い子だ」

逆に晋は美佐を見て、そう思った。

晋もまた、慶應大学の学生バンドを束ねる美佐の評判を聞いていた。聞けば、仙台のオリエンタル芸能社の曲直瀬社長の娘というではないか。晋もまたファイブ・ジョーズ&ア・ジェーン時代、仙台に赴き、曲直瀬夫婦に世話になったことがある。そんな夫婦の才能と人脈を受け継いだ彼女は、さらなる活動の場を広げようと模索していた晋にとってあまりに魅力的だった。

「うちのマネージャーもやってくれないか。出演料の10パーセントを支払う」

美佐が加わってからのシックス・ジョーズは快進撃に拍車がかかった。ランクも遂に「スペシャルA」を獲得。読売ホールでの「スイングコンサート」で日本における知名度も飛躍的に向上した。

サンフランシスコ講和条約の発効によって進駐軍キャンプが縮小されはじめ、米軍向けのショービジネスが転換期を迎える一方、日本には空前のジャズブームが巻き起ころうとしていた。ジャズナンバーを歌う江利チエミ、雪村いづみ、美空ひばりが「三人娘」と呼ばれ人気を博した。

1953年7月には、朝鮮戦争に休戦協定が結ばれ、多くの米軍兵が帰国。日本のジャズバンドの活動の中心が進駐軍キャンプから日本人向けのジャズコンサートに変わろうとしていた。いわゆる「ジャズコンブーム」である。その両翼を担ったのが渡邊晋とシックス・ジョーズや与田輝雄とシックスレモンズだった。敗戦から立ち直り始めた日本の若者たちにとって、彼らは憧れの的だった。この頃は人気ジャズメンこそがファッション・リーダーであり、その一挙手一投足に若者たちは熱い眼差しを向けていたという。[※13]

渡邊晋とシックス・ジョーズはプレイヤーとして絶頂期を迎えていた。

3章　芸能社の興亡

芸能社の誕生

日本交通公社、ＪＴＢってあるでしょ。そこがどういうわけか芸能人の斡旋をやってたんだよ。ベースキャンプの。堀（威夫）さんに「ＪＴＢに出演料を取りに行くから付き合えよ」なんて言われて付いて行ったことがある。八重洲口のほうから降りて行った記憶があるんだけどね。（田邊昭知）

ＪＴＢは、芸能斡旋・仲介業者の最大手のひとつだった。当時、日本人の音楽・芸能を米軍に斡旋して仲介手数料を得る会社を「芸能社」と呼んだ。１９４５年11月以降、日本演芸社、花柳芸能社、日本アーチストクラブ、仙台のオリエント芸能社などが次々と生まれていった。JTBに芸能斡旋を行う「観光社」が設立されたのも1945年11月のことだったという。芸能社は、バンドの派遣の他にも、ダンス、楽器演奏、奇術、曲芸、アクロバット、ボクシングなどのバラエティショーの企画やスケジュールの作成も行っていた。※14

JTBは、沖縄を除く全国各地の米軍基地へショーの引率をし、東京周辺の基地へ営業も行った。元社員の証言によると本来、旅行会社だったため、接収ホテルの慰問が多かったらしい。※14 また会社には個人芸能社（マネージャー）が頻繁に出入りし、JTBは彼らを相手に仕事をした。堀威夫もそのひとりだろう。元々は、東京の丸の内にあったが、田邊が言うように、八重洲口方面の京橋に移転した。

最初に進駐軍向けの芸能社を立ち上げたのは木村鉄男・新八郎兄弟による「日本演芸社」だった。

「ショー芸人を求む」

横浜に駐屯した第八軍が英字新聞にそんな広告を出したのをたまたま鉄男は目にした。そこでロサンゼルス生まれの友人を通訳に迎え、第八軍に日参し、「ぜひ、うちの会社に慰問を任せてもらいたい」と売り込んだ[※15]。

実は、鉄男は終戦直後から疎開先の宇都宮で移動演劇の一座を作り、あちこちで公演をしていた。だから、すぐに米軍の要求に応えることができたのだ。オーディションを経て、ダンサーやアクロバット、歌手、奇術師らからなる約50人のチーム「銀座バラエティー・ショー」を結成。進駐軍に接収された箱根の富士見ホテル、山中湖ホテルなどのホテルを中心に全国各地の基地を回るようになった。やがて、米軍から楽団を要望されると、東宝に所属していたトロンボーン奏者らを引き抜きバンドを結成したりもした。

進駐軍から「PD」の第1号をもらったのも日本演芸社だった。PDとは「プロキュアメント・デマンド」（調達要求書）のこと。PDを終戦連絡事務局へ持参すると、日本円に換えることができるのだが、当初は芸能提供に関して、まだ何の規約もなくPDを持っていっても、日本政府は支払ってくれなかった。そんな状況を鉄男はGHQから出された覚え書きをタテに交渉し打破していった。つまり、進駐軍慰問の道は日本演芸社が切り拓いていったのだ[※15]。

やがて日本演芸社は、水天宮の4階建てのビルを借り切り、従業員約50人を抱える大所帯となった。最盛期には進駐軍マーケット70パーセントを支配したといわれ、約30

0人のバンドマン・芸人を率いた。江利チエミや雪村いづみもそのひとりである。

1946年当時で日本演芸社の1か月の売上が1000万円に達するほど驚異的な利益を生んでいた。木村鉄男はこのように証言している。

「出演料の交渉をするとき、こっちは日だてのつもりで、たとえば百円という金額を出した。ところが連中は、自分たちの習慣でそれをバンドなら一時間いくら、踊りや歌ならワンステージいくらの金額と受けとった。つまり四時間やれば、四日分の稼ぎになったんですよ。しかも連中は、自分の懐が痛むわけじゃないから、四時間の演奏でも、それを七時間とか八時間に水増しをしてくれた。そしてこのギャラが、芸能人の基本ランクになったわけです。嘘から出たマコトで、その真相を知っている人は、わたしくらいでしょうね[※15]」

つまりは、出演料の解釈をめぐる勘違いにより、芸能産業における出演料が高騰していった。それに伴って、「芸能人」の地位が飛躍的に高まっていったのだ。

日本演芸社に続いて参入したのは、日本舞踏家で振付師の花柳啓之《はなやぎひろゆき》による「花柳芸能社」だ。その前身は政治家でもあった笹川良一が会長を務めた「日本芸能社」。戦前は満州や上海などに軍隊慰問の芸能人を送り込んでおり、花柳啓之も日本舞踏団の一員として参加していた。だが、終戦後、笹川がA級戦犯に指定され巣鴨プリズンに3年間収監（後に不起訴により釈放）されたことにより、会社は崩壊。そこで花柳が立ち上げたのが「花柳芸能社」だった。渡邊晋も早稲田大学在学中は、ここに籍を置いてキャンプ回りの仕事をしていたという。[※7]

東京駅丸の内北口広場でたむろし「拾い」を待っていたバンドマンの若者の中に既に30代半ばになっていた茂木大輔はいた。そんな茂木が「いつまでもこんなことをやっていてもしょうがない」と一念発起して設立したのが「日本アーチストクラブ」だった。ここからは、白鳥みづえや松島トモ子といった少女スターが生まれていった。

フィリピン人のレイモンド・コンデ率いる「ゲイ・クインテット」のマネージャーがバンドのギャラを持ち逃げしたことに端を発して設立されたのが「ゲイ・カンパニー」だ。バンドボーイだった桜井英明が問題解決のために相談に行った中野昇がコンデのバンドの仕事を斡旋するために作った会社だった。ゲイ・カンパニーはそのバンドひとつから始まり、米軍のめぼしいクラブと質の良いバンドを押さえ、最大手のひとつに成長した。[※11]

こうして数多くの芸能社と芸能人が生まれていったのだ。

秀逸な男

のちに〝ビートルズを呼んだ男〟と称されることになるプロモーターの永島達司も進駐軍ビジネスで活躍した男のひとりだ。

駐留軍時代からこの世界にいて秀逸な人間というのは永島達司氏。僕は50年近い付き合いなんだけど、これだけの人物というのは、よその業界を見てもあまりいないね。永島達司というのは、芸能界の中でひとつの歴史の足跡として絶対に欠かすことのできない人。恐らくもう二度と出ないと思います、ああいう人物は。（堀威夫）

占領時代から芸能の世界に入り、恩讐の只中で酸いも甘いも経験してきた堀威夫をして手放しで絶賛させるのが永島達司だ。

永島の父は三菱銀行に勤める銀行員。ロンドンやパリの支店長を歴任した人物だった。1926年、5人兄弟の次男として生まれた永島は、2歳の時、父の赴任先であるニューヨークに移り住む。さらに2年後にはロンドンへ。一時、日本に帰国するが、12歳の頃には再びニューヨークに移住した[※9]。のちにアメリカ人から「タツの英語は素晴らしい」と称賛されるのは、彼が幼い頃からネイティブの英語に接してきたからだ。しかも、彼が操る英語は「キングズ・イングリッシュ」で上品さもあった。

彼が15歳になった1941年8月、即ち日本が太平洋戦争に突入するわずか前、一家は父を残し帰国した。永島は早稲田第一高等学院に入学。3年生の時、終戦を迎えた。まだ闇市が盛んな頃、永島は新宿の焼け野原をひとり歩いていた。道に迷って困っているアメリカ兵がいた。永島はその米兵を持ち前の達者な英語で助けると、米兵は「アルバイトをやらないか」と持ちかけた。やはり、英語が堪能な日本人は貴重な存在だった。永島はアメリカ軍の空襲で姉を失っている。だからアメリカ軍には恨みがあった。一方で、アメリカは子供の頃に住んでいた、いわば第二の故郷でもある。しかも個人として接する米兵に悪い感情は抱かなかったし、何より、戦前ずっと親しんできた英語が喋れる。もちろん待遇も魅力的だった。

こうして翌日から、埼玉県入間郡のアメリカ軍第5空軍基地「ジョンソン・エアー・ベース」の将校クラブで通訳兼フロアマネージャーのアルバイトを始めたのだ。アルバイトの報酬は月に2500円。銀行役員だった父の手取りが2000円だったというか[※9]

ら、いかに好待遇だったかがわかる。

背が高く日本人離れした風貌で英語が堪能な永島は、すぐに米兵たちに一目置かれるようになった。ある日、将校のひとりに永島は突然呼び出された。

「君はいったい何機撃墜したんだ、本当のことを言え」

永島は何のことを言っているのかわからなかった。なにしろまだ19歳。軍人として戦争に参加したことなどなかったから撃墜も何もなかった。だが、ジョンソン基地の中である噂がひとり歩きをしていたのだ。

「あいつはゼロ戦のエース、撃墜王だ」と。[※9]

それだけ、永島達司には独特なオーラのようなものがあったのだ。そのオーラで米兵たちを惹きつけ、その人柄も相まって敬意を払われるようになった。

米兵だけではない。彼を慕って、進駐軍回りをしていた日本人たちも彼のもとに集まった。

その中に渡邊晋や美佐もいた。特に晋は暇さえあれば永島に会いにジョンソン基地を訪れ、同学年の永島に進駐軍・芸能ビジネスのノウハウを学んでいたという。[※8]晋のビジネス観の礎のひとつに永島の考え方が含まれていたのは間違いないだろう。

1952年、永島は7年間勤めたジョンソン基地を退職。占領が終わったことから進駐軍から駐留軍に呼び名が変わったが、永島は駐留軍のクラブにミュージシャンを斡旋する「SNプロダクション」を設立した。並行して「新々プロダクション」社長を名乗りジャズシンガーのナンシー梅木や笈田《おいだ》敏夫、新人の平尾昌晃のマネジメント業も始める。つまり永島もまた数多《あまた》存在した「芸能社」の一翼を担っていたのだ。しかし、永島が凡百の芸能社と違っていたのは、やはりプロモーターとしての才覚だった。

前述の通り、独立後、日本には空前のジャズコンブームが訪れる。

そんなとき、浅草・国際劇場の支配人から依頼を受け、企画・制作したのが日本人向けのジャズコンサート「国際最大のジャズショウ」だった。このコンサートが2週間で12万人もの動員を果たす大成功を収め、大阪でも大阪劇場で「大劇最大のジャズショウ」を開催。[※9]こちらも成功を収め、興行界にもその名を轟かせることになった。

一方でマネジメントの仕事については積極的ではなかった。元々、ナンシーの兄に頼まれてしぶしぶ始めたものだったため「これは男子一生の仕事ではない」[※9]とコンプレックスを抱いていた。そんな思いとは裏腹に、当代トップのナンシーと笈田の元には断るのが大変なくらい仕事が舞い込んだ。そんな状況の中、時代は外国人ミュージシャンを渇望するようになってきた。少しずつ豊かになっていく中で日本人は本場の音楽を求めだしたのだ。

ならば、永島達司がもっとも力を発揮することができるのはそちらの方向だった。

1957年、永島はナンシー梅木や笈田敏夫のマネジメントからは手を引き、平尾だけ残し、芸能マネージャーの仕事を整理。外国人タレント招聘事業にビジネスの主軸を移し、「協同企画」（現・キョードー東京）を設立。「呼び屋」と呼ばれるようになった。ちなみに「呼び屋」というのは大宅壮一がなかば揶揄を込めて使った蔑称ともいえる呼称だが、永島達司は類まれな活躍でそれを払拭していくのだ。

外タレラッシュ

「いよいよ俺たちの時代だな」

「ジャズがやれる」

1945年8月15日、終戦の日の夜、のちに日本劇場の演出家として「ウエスタン・カーニバル」を生んだ山本紫朗は、越中高岡の宿で仲間たちと声を潜めてそんな会話をした。[※5]だが、山本が日劇で渡辺弘とスターダスターズを起用した最初のジャズショー

「スターダスト」を演出・構成するまでには1949年まで待たなければならなかった。ちなみに山本はイラストレーター和田誠の叔父にあたる人物である。

戦時中、「敵性音楽」として聴けなくなっていたジャズに戦後、日本人が接することができたのは1945年9月末から始まった進駐軍ラジオ（WVTR、のちにFEN）だった。WVTRは米軍の「連絡網」のようなもの。米軍は戦地に必ずラジオステーションを作るのだという。休暇で飲みに行っていても、兵隊はラジオだけは必ずつけている。そのため、緊急事態が起こると、ラジオで「すぐに基地に戻れ」といったメッセージを伝えることができる。[※12]「連絡網」だから電波も強力。進駐軍専用のラジオという名目だったが、誰でも受信できた。当時はほとんどの家庭でレコードなどを買う余裕はないため、このラジオ放送をジャズ好きやプレイヤーたちはこぞって聴き、流行の音楽を摂取していたのだ。毎週土曜の夜には「ヒットパレード」が放送されていた。

戦後最初の和製ジャズのヒット曲と言われているのは1946年に発売された池真理子の「愛のスウィング」。ちなみに、この頃「ジャズ」というのは、「アメリカから入ってきた大衆ポピュラー音楽」全体を指すのが一般的で、タンゴやハワイアン、シャンソン、ウエスタンなども一緒くたにされていた。

その後、ジャズを下地にした服部良一作曲・笠置《かさぎ》シヅ子のコンビで1947年に日劇のショーで初披露された「東京ブギウギ」を皮切りに「大阪ブギウギ」や「買物ブギ」などを相次いでヒットさせ「ブギウギブーム」を巻き起こした。

50年代初頭、主に学生たちの間で流行したのが「ダンパ」と呼ばれたダンスパーティーだ。若者たちにとって当時の数少ない娯楽であり、ほとんど唯一といっても過言ではない社交場だった。

のちに雑誌『ミュージック・ライフ』の編集長を務め、訳詞家としても名を馳せる草野昌一も学生時代、ダンパを主催していた。

1949年に早稲田大学に入学した草野は、慶應大学の友人たちとダンパを企画するようになった。他のダンパの「パー券」が250円ならば草野たちは100円に設定した。100人程度の会場はすぐに満員になり、150円に値上げし、生バンドを呼び本格的なダンスパーティーを開くようになった。原宿の東郷会館、大手町の永楽ホールなど会場をかけもちし、400人以上の客が集まった。「こんなに儲かるんなら、大学辞めちゃおうか」と思うくらい稼ぐことができた。※16

収入源を見つけたのは、主催者ばかりではない。ダンパに駆り出されるジャズバンドにとっても大きな収入源であるとともに、貴重な練習の場でもあった。曲直瀬美佐や妹の翠も、こうしたダンパのブッキングからマネジメントの仕事を始めた。

1950年に勃発した朝鮮戦争により「特需」がもたらされ、日本中が好景気に沸いていた。廃墟だった街には次々とビルが建ち、高級クラブなども並び始めた。

永島達司らの活躍もあり、50年代以降日本には「外タレラッシュ」とも呼ばれるほど、外国人ミュージシャンを中心とした、いわゆる「外タレ」の来日が相次いだ。その〝はしり〟となったのが、フランスの世界的ピアニストであるラザール・レヴィだった。彼が来日したのは1950年10月。その招聘に尽力したのは、戦前、彼の元で学んだ安川加壽子と原智恵子だ。[※17]

レヴィはフランス政府の文化使節という形で来日を果たした。当時、国外へ持ち出せる外貨はなく、演奏の謝礼をどのように支払うかは頭を悩ませる大問題だった。そこで駐日フランス代表部に間に入ってもらい、在日外国商社や教会関係者に円で支払い、演奏家が本国に帰ってからその国の通貨で受け取ってもらうという複雑な方式で支払われたという。[※17] ギャラの支払いだけでも大きな壁があったのだ。一流ホテルの多くが進駐軍にとられていたため、どこへ泊めるかも、練習用のピアノをどう手配するかも問題だった。そうした困難を乗り越えて、本場「ヨーロッパの音」を日本人に伝えたのだ。

翌年9月には、かつて「神童」と呼ばれたアメリカ人ヴァイオリニストのユーディ・メニューインがアメリカ親善大使として来日。日本が独立後の1952年4月には、アメリカ人オペラ歌手のヘレン・トローベルが歌手として戦後初めて来日した。

同じ頃、ジャズミュージシャンの来日も盛んになる。先鞭をつけたのが、やはり1952年4月に来日したドラマーのジーン・クルーパ。チャーリー・ベンチュラ（サクソフォーン）、テディ・ナポレオン（ピアノ）とのトリオで来日し、かまやつひろしも「ぼくが初めて目の当たりにした外タレのコンサート[※12]」だと証言している。翌53年には、ノーマン・グランツ率いるJATP、さらには、ジャズトランペット奏者のルイ・アームストロングが来日。日本は空前のジャズブームに突入した。

ジャズコンブーム

さらに1952年、有楽町のよみうりホールの「スイングコンサート」を皮切りに日本人向けのジャズコンサートが開かれるようになり「ジャズコンブーム」が到来した。

当時、会場は、東京だと日比谷公会堂と共立講堂が多かったね。アメリカの音楽やっていれば全部ひっくるめて「ジャズ」って言っていたんだ。だからワゴン・マスターズもジャズコンサートにはよく出ましたよ。この頃「ジャズメンクラブ」という〝横文字系〟プロダクションが初めて誕生したんです。ドラマーだったフランキー堺さんのマネジメントをやっていた奥田喜久丸《きくまる》が立ち上げた。（堀威夫）

当初、ジャズコンに出ることができたのは、「戦前派」といわれるような老舗バンドだけだった。それを若手バンドにまでチャンスを与えた先駆けともいえるのが奥田だった。奥田率いるジャズメンクラブはジャズコンの運営も担っていた。ちなみに奥田はのちに映画業界に活動の場を移し、アメリカ・ハリウッドやイギリスなど海外の映画会社と組む国際派プロデューサーとして活躍。「バラクーダ」の異名で『勇者のみ』『007は二度死ぬ』『修羅雪姫』などを世に送り出す人物だ。

「まだ若いバンドだが、いい演奏をする。ぜひコンサートに出してやってほしい」

シャープス＆フラッツを気に入っていたアメリカ軍の軍曹が頼み込むと、1951年の秋、神田共立講堂のジャズコンで錚々たるバンドたちと並んで彼らはステージに立ったのだ。MCを務めていたのはトニー谷（「トニングリッシュ」と呼ばれる奇妙な日本語と英語を織り交ぜた語り口で一躍大ブレイクを果たすヴォードヴィリアン）。そんなトニー谷に紹介されて彼らは鮮烈な〝デビュー〟を飾ったのだ。トニー谷は後年まで「シャープを最初に世に紹介したのは、このアタシざんす」と自慢していたという。[※10]

美空ひばり、江利チエミ、雪村いづみの「三人娘」が出揃った1953年にはジャズブームが頂点に達した。一流の「外タレ」の来日、進駐軍育ちの日本人バンドマンやボーカリスト、ラジオやダンパでジャズに親しんだ若者たちと好景気で余裕が出てきた生活。それらが一体となり大きな潮流となったのだ。

そこでトップを走っていたのが前述の通り、渡邊晋とシックス・ジョーズや与田輝雄とシックスレモンズだった。

しかし、彼らを一気に追い抜き頂点に立つバンドが誕生した。「ジョージ川口とビッグ・フォー」である。そこには晋が率いるシックス・ジョーズの中核をなしていた、ふたりの男がいた。中村八大と松本英彦である。彼らはシックス・ジョーズを脱退し、渡邊晋の元を去ったのだ。

「日本一のコンボを作ろう」

人気ドラマーのジョージ川口が宣言したのは1952年秋のことだった。[※13] ラジオ東京（現・TBSラジオ）で毎週水曜日の夜に放送していた『イブニング・コンサート』にレギュラー出演していた川口が、この番組の公開録音で演奏するメンバーとして選んだのが、ベースの小野満、サックスの松本英彦、ピアノの中村八大だった。いずれも、『スイングジャーナル』誌の人気投票で各個人部門1位に輝いていたメンバーだ。

中村は「日本人による日本人のジャズを、最高のレベルで、自由に伸び伸びと演奏できる」と考え「ビッグ・フォー」に参加した。[※13] もちろん渡邊晋は、手塩にかけて育てた八大や松本を失うわけにはいかない。懸命に慰留したが、ふたりの心は既に「ビッグ・フォー」へと傾いていた。

ある日のシックス・ジョーズのコンサートでのステージ上で「晋さん、あの曲のあの音とこの音は間違えないで、この曲は、こう弾いてください」と八大が進言した際、「八ちゃん、ほらほら、笑顔を忘れないで、客席を見て、にっこりして」と返された[※18] というあまりにも有名なエピソードがあるが、音楽性を追求したい八大とあくまでもエンターテインメントとして客を喜ばせることを第一にする晋との間に越えがたい溝ができてしまったのだろう。ついにふたりはシックス・ジョーズを脱退し、「日本一のコンボ」

と呼ぶにふさわしい実力者集団「ビッグ・フォー」が誕生するのだ。

1953年5月には、有楽町・日本劇場で8日間に及ぶ旗揚げ公演「ブロー・ブロー・ビッグフォー」を行った。言うなれば、この8日間が日本の「ジャズブーム」のピークだと言って過言ではない。1日3回の入れ替え公演ながら、いずれも入り切らないほどの観客が詰めかけた。

松本がステージにひっくり返ってサックスを吹き鳴らし、小野は大きなベースをかついで舞台上を走り回った。川口は床をスティックで叩く。そんなド派手なパフォーマンスで熱狂を生んだ。音楽性を追求したくて参加した八大だったが、皮肉なことにその端正なルックスや派手なパフォーマンスが音楽性を度外視され、アイドル的な人気を呼んでしまった。もはや、その熱狂を制御できる者はいなかった。

その原因のひとつに佐藤剛は「マネージャーがついていなかった」ことを挙げている。[※13]

ビッグ・フォーは面倒な交渉事も他人任せにせず、自分たちで引き受けていた。そのほうが自分たちの自由な意思を貫けると考えたのだろう。しかし、ひとたび日本一の人気バンドとなれば、出演依頼は山のように増えていく。当然、ギャラも高騰していく。スケジュールは過密となり、仕事を捌くことが難しくなっていった。やがて、他のメンバーも空中分解。同時にジャズブームにも翳りが見え始め、ブームの恐ろしさを示すかのように、1955年にはすっかり冷めてしまうのだ。

渡辺プロダクション発足

衰退を迎えたのはジャズばかりではない。

1952年の講和条約の発効に伴い、それまで栄華を誇った芸能社は一気に苦境に立たされた。さらに1953年に朝鮮戦争が休戦となると米軍への芸能提供の需要は激減する。個人マネージャーのような個人芸能社を含めれば最大100社を超えた芸能社は、朝鮮戦争休戦の1年後の1954年7月には、わずか30社にまで減っていた。※15 進駐軍などにバンドを斡旋するいわば「送り屋」としての「芸能社」は終焉を迎えるのだ。

一方、渡邊晋はジャズブームの翳りを肌で感じながら、自らのプレイヤーとしての限界も感じ始めていた。自分ができることは、仲間のために仕事を取ってくることや、彼らをプロデュースすることではないかと思い始めた。

当時、今でいう芸能プロダクションの雛形は4種類あったと『渡辺晋物語』を著した野地秩嘉《のじつねよし》は指摘している。ひとつは、レコード会社や映画会社の一部門として存在していた。歌手や役者はその会社の専属としてレコードを発売したり映画に出演したりしていた。もうひとつは、演歌や浪曲の世界では、師匠と内弟子という関係性で成り立っていた。３つ目は大物タレントと個人マネージャーという結びつき。最後に、美空ひばりの山口組が経営していた「神戸芸能社」のような「独立系」と呼ばれるような芸能プロだ。[※19]それ以外でいえば吉本興業やマセキ芸能社など興行会社から芸人を抱えるようになった会社もあっただろう。

だが、ジャズミュージシャンは進駐軍キャンプを主戦場にしていたため、既存の芸能プロに所属しなくても活動することができた。しかし、進駐軍はもういない。米軍相手の仕事は急速に先細りし、進駐軍キャンプから生まれた「芸能社」は一気に衰退した。ジャズブームも下火になっていけば、バンドマスターや個人マネージャーに頼ったジャズミュージシャンたちはたちまち失業してしまうだろう。ジャズメンたちにもマネージャーが絶対に必要になってくる。マネジメント業を組織化し、企業化すること。それが、晋の新たな夢となったのだ。

「その夢を実現するために、ぜひ君が必要なんだ」

晋が美佐に初めてプロポーズしたのは１９５３年のことだった。熱く夢を語る晋。しかし、美佐は残酷なまでに冷静だった。

「その主義主張は結構なことよ。でも、それだけなら、結婚しなくても仕事の範囲で収まることでしょう」

確かにその通りだ。けれど、晋は美佐と公私ともに生涯のパートナーになることにこだわった。事あるごとに「結婚しよう」とプロポーズを繰り返したのだ。


同じ頃、晋のもとから中村八大と松本英彦が去ってしまった。その失意に加え、彼らのようにマネージャーを置かないまま破綻していく様を見て改めて晋は確信した。

「これからは組織の時代だな[※13]」

米軍キャンプ時代に知り合った親友・山田通男に声をかけた。

そして１９５５年１月、「日本の音楽を世界へ」という夢を掲げ「渡辺プロダクション」が発足した。晋が27歳、美佐が26歳の時だ。美佐が晋のプロポーズを受け入れ、結婚したのはこの年の３月。結婚資金も会社の運転資金に回した。当時はまだ「芸能プロ」などという得体のしれない業種に融資をしてくれる銀行などなかった。だから、すべて現金で支払わなければならない。何よりも資金繰りを苦しくしたのは、渡辺プロが

1963年の渡辺プロ。右が渡邊晋、左が美佐（提供：朝日新聞社）

「月給制」を導入したことだ。

日本のエンターテインメントビジネスを確立するためには優秀なミュージシャンが必要。そのためには彼らにその日暮らしのような生活ではなく安定した生活をしてもらうことが必要だと考えたのだ。

だが、理想と現実には大きな隔たりがあった。

渡辺プロ発足は最悪のタイミングともいえた。何しろ1955年は前述のようにジャズブームがすっかり終わってしまっていたからだ。安定して仕事があるのはシックス・ジョーズくらい。結成したばかりのクレイジーキャッツには週末のクラブ演奏くらいしか仕事はなかった。それでも同年代のサラリーマンを遥かに超える月給を支払ったのだ。支給日が来るのが恐ろしかっ

たと美佐が振り返るほど、資金繰りは火の車だった。[※20]

「じゃあ、ママさんのところに行こう」

ハナ肇は悪びれずに言う。「ママさん」とは美佐の母でマナセプロダクションの花子のことだ。晋と美佐はハナを連れて美佐の実家に行く。客をもてなすことが大好きな両親はハナを歓迎する。ハナは持ち前の話芸で大いに笑わせ、場がすっかり和むと晋が切り出す。

「すみません、実はこいつに払う金がないんです[※19]」

こうして渡辺プロは、実家のマナセプロダクションの援助を受けながらもっとも苦しい時期を乗り越えていったのだ。

第2部　ジャズ喫茶とロカビリーブーム

4章　バンド少年たち

ブルーフレーム

会場に荘厳なジャズ「ブルーフレーム」が流れると、大歓声が巻き起こった。ステージ上にいたのは「原信夫とシャープス&フラッツ」である。

前述のとおり海軍軍楽隊員だった原は、軍楽隊仲間のすすめでジャズの道に進み、ジャズバンド「ムーンライト」に参加。1951年、10人編成で「シャープス&フラッツ」を結成した。彼らはいち早く17人編成のビッグ・バンド・スタイルを取り入れ、シャープス&フラッツの歴史とは即ち戦後日本ジャズの歴史といわれるほどのジャズバンドとなっていく。

当時の各バンドにはそれぞれテーマ楽曲がある。登場するとまずそれを演奏し、その上で「こんばんは、シャープス＆フラッツです」などと名乗るのだ。「ブルーフレーム」がシャープス＆フラッツのテーマ曲だった。後年はシャープのために書かれたオリジナル曲だと思われるほどファンの間でお馴染みの曲になったがもともとは、ウディ・ハーマン楽団によって世に知られることとなった名曲である。

この日、シャープス＆フラッツは横浜のＥＭ（兵員クラブ）で演奏していた。

横浜は占領期、進駐軍兵士がもっとも多かった地域のひとつだ。横浜は当時のミュージシャンたちのメッカであり、「小さなアメリカ」だった。横浜市内の焼け跡のあちこちに「カマボコ兵舎」と呼ばれるカマボコ屋根のプレハブ家屋が立ち並んだ。ＥＭもそんな建物で作られていた。そこに足を踏み入れると独特な匂いがした。床のワックス、洋モクのタバコ、ビールとコーク……、そんな匂いがごちゃまぜになっていた。それはまさに「アメリカの匂い」だった。

15歳だった田邊昭知は、初めて体感したそんなアメリカ文化と音楽に心を鷲掴みにされた。

うちが旅館をやっていて、部屋が空いていると賃貸でもいいよって下宿も受け入れてたわけ。そこに入ってきたのがシャープス&フラッツでベースを弾いていた舟木明行さん。あまりにも俺がチンピラっぽくなっていくのを心配したんだろうな、おふくろが。俺に内緒で舟木さんに相談したみたいなんだよ。そしたら「お母さん、じゃあ僕の仕事場へ連れて行ったらどうですかね。非行とか、そういうのから抜けられるかもしれない」って。それで横浜のEMに連れて行ってもらったの。(田邊昭知)

当時、田邊は明治大附属中学校の2年生で15歳だった。母は渋谷で旅館を営み、女手ひとつで彼を育てていた。それでも、子供の頃の田邊は、父のいない寂しさを感じたことはなかった。それほど、母は明るかった。また、彼女の手腕で経済的にも苦しむことはなかった[※21]。

そんな環境だったから「自分がしっかりして母を支えなきゃ」という自立心は人一倍強かった。けれど、少年時代の田邊は何をどうすればいいかわからない。そんなときに出会ったのが「音楽」だったのだ。シャープス&フラッツが奏でる「ブルーフレーム」の音色、それを聴きながら熱狂するアメリカ人たち。その光景は胸の奥底に宿った青い炎を燃えたぎらせるのに十分だった。

こっちの世界のほうが平和だし、ちょっといいなって思ったんだ。もう4～5日でガラッと世界が変わるわけね。それでシャープス&フラッツの初代のボーヤになった。15でボーヤですよ。（田邊昭知）

原は「ジャズは不良がやるもの」というイメージを嫌った。ジャズは自由なもの。だが、その自由を履き違えルーズになることを許さなかった。「ステージ前に酒を飲まない」「遅刻をしない」など最低限のバンド内ルールを作った。ジャズが「鶏小屋を引っかき回したような音楽」などと揶揄されるのが悔しくてたまらなかった。だから、「ジャズメン＝不良」のイメージを払拭したかったのだ。最初に入ったバンドのリーダーがそんな風に規律を求めるタイプだったからこそ、田邊の性にもあったのだろう。

「おい、昭坊。何もやらないのはダメだから、これで練習してみろ」

ボーヤになって少し経った頃、田邊はシャープス&フラッツのトランペット奏者だった福原彰にマウスピースを貰った。トランペット本体はもちろん貰えなかったが音を出す訓練はできる。いい贈り物だった。そうか、俺はトランペッターになるのか。けれど、舟木は歳の離れた弟のように可愛がってくれる。自分も兄のように慕っていた。ベーシストになるか、トランペッターになるか、どちらをやろうか迷っていた。

そんなときに出会ったのが、その後生涯の「盟友」となる堀威夫だった。


こまっしゃくれた小生意気なボーヤだったね（笑）。だけど目端が利く。（堀威夫）

堀は当時の田邊の印象をそう語る。実際、田邊はボーヤ仲間の中でも一際若かったが、一目を置かれていた。頭が切れ人心掌握が巧みだった田邊はうまくボーヤ仲間たちを扱い、動かすことに長《た》けていた。

この頃、堀は井原高忠がリーダーとして君臨していた「ワゴン・マスターズ」のメンバーだった。程なくして田邊はワゴン・マスターズのボーヤになるのだ。

湯の町エレジー

堀威夫が終戦を迎えたのは中学生の頃だった。「小さなアメリカ」横浜市で生まれ育った堀はいち早く進駐軍からもたらされたアメリカの文化に触れた。チョコレートやチユーインガムを頰張り、アメリカ兵が捨てたタバコを拾い、それに火をつけ吸った。

娯楽の乏しい時代、唯一の楽しみはラジオだった。NHKで『今週の明星』という番組があった。毎週、流行歌が流れてくる。ある日、そこでそれまでの流行歌とは明らかに違う曲調が流れてきた。

古賀政男が作曲した「湯の町エレジー」だった。寂しげなギターの旋律で始まる前奏に魅了された堀は、進駐軍宿舎の芝刈りアルバイトで貯めた金で鈴木製のギターを購入、古賀政男の教則本『最新ギター独習』を読み込みギターの練習に明け暮れた。野球少年だった堀はすっかり音楽少年に変貌した。やがて仲良しだったアメリカ兵にピックを使った奏法を教えてもらう。それまで古賀式の指弾きしか知らなかった堀にとって、それは理屈抜きにカッコいいと思わせるもので、その奏法にのめり込んでいった。それがカントリー&ウエスタンとの出会いだった。

早速、堀は小学校時代の同級生でのちに日本テレビに入社する秋元近史らと4人組バンド「ワイキキ・ハワイアンズ」を結成した。16歳の頃だった。

秋元近史とは小学校が一緒で、うちも近所でした。だから、しょっちゅう彼の家に行ったり、彼がうちに来たり、行ったり来たりしているような仲だったね。実は高校は違うんです。あいつは関東学院、僕は浅野学園というところへ行ったんですけれどもね。やがてあいつも僕も「湯の町エレジー」が流行ったおかげでギターを買ったんです。

当時の娯楽というのは、町内会のお祭りとかでね、そんなところでやっていたりしているうちに、だんだんと音楽に引き込まれた。進駐軍がたくさん来ている中で、僕らがギターを持っていると、たまにそのギターを貸してみろって弾くやつがいたり、根本的に弾き方が違うんですよ。彼らはピック。やっている歌は何を言っているんだか分からないんだけれども、何となくそれに惹かれてバンドをつくろうということになった。一番少人数でバンドができるのはハワイアンなんですね。それで高校生の時にハワイアンバンドをつくった。

一方で、焼け野原だった街の中がだんだん部分的に復興してくる。当時僕は横浜ですから、東京はどうだったか分からないんだけれども、なぜかダンス教習所というのがいっぱいできたんです。電気蓄音機にレコードをかけて、それで「スロー・スロー・クイック」なんて先生に教わっている人がいっぱいいた。この人たちはこの人たちで、踊りがだんだん身についてくるとレコードじゃ物足りない。さりとて教習所ですから、そんなに大きなスペースじゃないんですね。せいぜい我々みたいな3～4人でやっているグループを呼ぶんです。予算的な問題も含めて。僕らは高校2年生の終わりぐらいだけど、そういうところへ土曜日の夜とか日曜日の夜とかに行って、ちょこっと小遣いぐらいは稼いでいた。洋服ダンスから、おやじの背広を借りて着て行ってね（笑）。（堀威夫）

受験に専念するためワイキキ・ハワイアンズは1950年のクリスマスで解散すると、堀は明治大学に入学する。その頃、父は朝日生命新宿西口支店長に就任していた。自分もマジメに勉強して父と同じようにきちんとした会社に入社しよう、そう思っていたけれど、運命はそれを許さなかった。

大学の講義で僕の隣に座ったやつが宮崎君というんですけど、こいつは音楽に関係ないんだけれども、彼の家にのちにマヒナスターズのベースを弾いていた山田（競）という男がいたんです。いとこ同士だったから、多分焼け出されたか何かで住んでた。

今の「GINZA SIX」、松坂屋の裏のところに当時は「東京温泉」というのがあったんです。あれの屋上が夏になるとビアホールになる。そこへ山田君たちが出ているのを見に行ったんですよ。一回見においでよという話で。そしたら、その日にそのバンドのギター弾きが来ないわけよ。彼らは困っちゃった。それで僕に急遽やってくんねえかって。田舎のバンド経験者が東京のバンドで通用するわけないという、ちょっと自分をヘジテイトするようなところがあったんだけどね。後でわかるんだけど、その来なかった人はどこか違うバンドに引き抜かれていた。やるつもりもなかったんだけど、僕は咄嗟の助っ人でやった。そうしたら、案外技術的にもできちゃったんだよ（笑）。（堀威夫）

東京温泉はいわゆる「トルコ風呂」の元祖として風俗店の草分け的側面が強調されることが多いが、実際には、トルコ風呂の他、千人風呂、キャバレー、麻雀クラブ、食堂酒場までを完備した「総合レジャー施設の草分け」と言うべき施設だった。※22

山田のバンドは「ナプア・ハワイアンズ」という名の5人編成だった。そんな彼に毎日のように口説かれ、堀は遂にバンドに参加することになった。「学業は全うし、卒業したらバンドは辞めて就職する」というのが親との約束だった。

そんな中、堀は「ワゴン・マスターズ」から入団の誘いを受けた。1951年年末のことだ。当時、ワゴン・マスターズといえば学生バンドのトップ。しかも大学を卒業するときは退団するという奇妙な伝統があった。そのため、メンバーは毎年のように入れ替わった。堀もその欠員補充で誘われたのだ。堀にとってその伝統は都合が良かった。親との約束を満たすものだったからだ。こうしてウエスタンバンド「ワゴン・マスターズ」のリードギター・堀威夫が誕生したのだ。

ワゴン・マスター

「すげえ家だなぁ」

麻布三の橋にひろがる三井財閥の広大な敷地。その中の別棟に井原高忠は住んでいた。別棟といっても堀威夫からしてみれば、見たこともないような立派な家だった。井原高忠は、1929年に三井家の分家に生まれる。モダンな母親と7つ年上の姉に可愛がられて育った井原は、幼少期から最先端の文化に触れて育った。昭和の初め頃には既に電話も電気冷蔵庫も自家用車もあり、何不自由ない高貴な生活を送っていた。

戦争が終わると井原は旧制中学の5年生を落第。高等科に入るも教育制度が変わっており、新制の大学に入学するため試験を受けなければならなかった。形式的な試験だと聞いていた井原はろくな勉強もせず、浪人を余儀なくされた。

浪人中に黒田美治らと結成したのが進駐軍相手のカントリーバンド「チャック・ワゴン・ボーイズ」だ。1949年11月13日の学習院大学の文化祭で〝デビュー〟すると、翌月には進駐軍回りを開始した。井原家は三井家の分家だったため戦後、財産税でほとんどの財産を奪われ、いわゆる「斜陽族」になった。焼け残った美術品などを売って生活していたが、バンドを始めたことにより再び金に困らなくなった。

やがて黒田が抜けたことをきっかけにバンドを発展的解消し生まれたのが「ワゴン・マスターズ」だったのだ。その練習場として使われたのが井原邸だった。

ワゴン・マスターズには「大学を卒業したら脱退する」という伝統の他に、専属のマネージャーを置かず、8人のメンバーがふたりずつ交代でペアを組み、月々のスケジュール作りを担当するというルールがあった。堀は井原と組みセールスに歩くと、このふたりの時期の売上が群を抜いていた。そこでふたりがマネージャーを兼務することになった。[※23] この経験は堀にとって大きな財産となった。

井原さんというのは非常に几帳面なところがあってね。それから変に人を脅かすウイットみたいなものも持ち合わせている人。当時はみんなたばこを吸っていて、井原さんも吸っていた。楽屋なんかで「1本頂戴」なんて井原さんに言うと、烈火のごとく怒られるわけ。「いいか、おまえら。家を出るときに自分が今日1日何本吸うかってわかってるだろう。俺はそれを持ってきているから、1本やるということは1本足りなくなっちゃう。だからちゃんと持ってこい」って。

時間にも、ものすごく厳しかった。忘れもしないんだけど、昔のコマ劇場に向かって左角、今は大きなビルになっているけど、あそこが新宿松竹という映画館だったんです。そこに映画の合間に実演でワゴン・マスターズが出ていた。その実演の前の集合時間に、僕と小坂一也が5分遅れて行ったら烈火のごとく怒って、「帰れ」って話になった。帰っちゃったら一番困るのは井原さんのはずなんだけど（笑）。帰れって言っても帰らないという確信を持っていたんだろうね。

当時いわゆる楽隊の連中というのは、どっちかといえば時間とか約束、金銭的にもルーズなところが格好いいみたいな変な価値観があったんだけど、僕は井原さんのお

かげで、そういう部分を鍛えられた。そういう意味でも感謝してますよ。（堀威夫）

ワゴン・マスターズの人気が高まるにつれ、バンド内のプレイング・マネージャーではとても賄いきれなくなったため、遂に専属マネージャーを雇うことになった。それが嵐田《あらしだ》三郎だ。井原の後輩でスティールギターの原田実と同期の慶應ボーイ。のちに永島達司の右腕として活躍する男である。

やがて井原は慶應大学を卒業し日本テレビに入社したため脱退。その後、『光子の窓』や『あなたとよしえ』『11PM』『九ちゃん！』『巨泉×前武ゲバゲバ90分！』など数多くの名番組を生み出して日本を代表するテレビマンになっていった。

そんな井原に代わって入団したのが鳥尾《とりお》敬孝《あつたか》。明治維新で活躍し陸軍中将にまでなったことで「子爵」の称号を手にした鳥尾小彌太を祖先に持つ男。彼の父の姉が井原家に嫁ぎ、井原姓を名乗る。つまりは井原高忠とは従兄弟同士という関係だ。鳥尾も井原と同じく慶應大学に進学しベースを弾いていた。彼が入った頃のワゴン・マスターズが「最も人気が高く、音楽的にもまとまっていたのではないか」[※23]と堀は振り返る。

ボーカルは小坂一也、寺本圭一、スティールギターに原田、リードギターに堀、サイドギターに小山栄、ベースに鳥尾敬孝、フィドルに藤本精一という7人編成だった。

日本コロムビアとも契約し、レイモンド服部による作曲の「ワゴン・マスター」でレコードデビューも果たし、セミプロ的な活動から、いよいよ本格的な「プロ」の世界に足を踏み入れた。当時、出演できれば一流バンドの証といわれた日本劇場や国際劇場でもワンマンショーを行うほどだった。

そんな〝全盛期〟のさなかの1954年12月30日、伝統に従い、大学卒業を控えた堀はワゴン・マスターズを退団する。その最後の国際劇場の公演と大学の卒業試験が重なってしまっていた。なんとか自分の演奏時間だけは全うできたものの、フィナーレに出演していたら試験には間に合わない。

「昭坊、頼む！」

堀はボーヤを務めていた弟分の田邊昭知に代役を頼んだ。田邊は大事な堀の最後のステージで「堀威夫」役として舞台に立ち、星形の小道具を振ったのだ。

ロック・アラウンド・ザ・クロック

「昭坊、どうだ？　おまえ太鼓やれ」

堀威夫は、田邊昭知にそう提案した。堀は大学卒業とともに文化放送でアルバイトを始めた。映画会社の大映への就職を目論むも失敗し、叔父の紹介でバイトから正社員になろうと考えたのだ。しかし、同僚の怠慢から連帯責任で理不尽な罰を受けたことに納得がいかず数か月でバイトを辞めてしまう。しばらく何もしない日々を送っていたが、やはり堀が選んだのは音楽の道だった。思い立ったらすぐにメンバー集めを始めた。とはいえ、資金は乏しくプロのメンバーを揃えることはできない。そこで最初に声をかけたのがワゴン・マスターズ時代のボーヤである田邊昭知だったのだ。

田邊はその頃、ワゴン・マスターズをやめていた。心を入れ替えて学校へ行こうと成城大学の編入試験を受け、この夏休みが終わったら学業に専念するつもりでいた。[※24] 堀に声をかけられたのはそんな頃だった。

「おまえん家、旅館やっているんだよな？　4万くらい親からもらえるか？」

「もらえるかもしれないけど、何で？」

「ドラムの3点セットが4万円で売っている。神田の下倉楽器というところへ行ったら分かるよ。それで太鼓たたけ」

兄貴分として慕っていた堀の言葉は、音楽の道を諦めかけていた田邊の心を動かすには十分だった。田邊は親から金を借り、バス・ドラムひとつとスネアー、ハイハットやシンバルなどのセットを購入した。当時、カントリーバンドにはドラマーはいなかった。本場のアメリカはもちろん、日本のバンドにもドラマーがいるバンドなんて、ほとんどなかった。だが、堀は新しい時代の到来の予感を敏感に察知していた。

ちょうどこの1955年、アメリカで映画『暴力教室』が公開された。不良少年が集まった、暴力が支配するクラスの担任を任されたダディエ（グレン・フォード）が主人公の物語だ。暴力的な描写が多いため問題ともなったが、若者を中心に大評判となり、日本でもこの年の夏に公開されていた。この映画がその作品内容自体以上に歴史に刻まれているのはビル・ヘイリー&ヒズ・コメッツによる主題歌「ロック・アラウンド・ザ・クロック」によってだ。その前年に発表されたこの曲は、この映画の主題歌に起用されたことで爆発的ヒットとなった。そしてこの曲がその後、世界の音楽シーンを席巻する「ロックンロール」ブームの潮流を生んだのだ。

そんな状況の中、堀はロックテイストのカントリーである「ロカビリー」にヒットの兆しがあることを予見していた。新バンドの特色を出すためにもロカビリーの演奏に必要なドラムの起用を決めたのだ。けれど当然ながら、田邊にもドラムの経験はない。

やった振りをしていろ、音を出すなというのが堀さんとの約束なんだ。でも、こう叩いてるふりしてるうちに当たっちゃうわけだよ、シンバルかなんかにチーンッて（笑）。初めてやっているんだから。そうすると楽屋へ入ってきて皆が白い目で見て、堀さんに「あいつ、辞めさせてくださいよ。邪魔だから」みたいなことを言っているわけ（笑）。俺は悔しいなと思うけど、しょうがない、俺の問題だから。叩かなくてもいいって言われたけど、そうもいかないじゃない？　いつまでもそんなわけにはいかない。それから俺は明けても暮れても練習ですよ。（田邊昭知）

このままではプライドが許さない。絶対に誰もが認めるドラマーになってみせる。そうして田邊はドラムの腕を磨いていったのだ。

バンドの名は「キャクタス・ワゴン」。堀、田邊以外のメンバーは、ボーカルにワゴン・マスターズのボーヤだった松本昇と、のちにホリプロで和田アキ子を発掘することになる池田隆、ベースはホリプロ総務部長となる植田嘉靖《よしやす》などが揃った。

堀以外は、ほとんどがアマチュアレベル。バンドとしては厳しい船出だったが、22歳で初めてバンドリーダーを務める堀にとっては希望に満ちたものだった。

そんな折、堀のもとに井原高忠がやってきた。

「君、日本テレビに来ないか？」

堀が仕事を失ったことを知った井原は気を利かせて会社に根回しをして、堀が入社できるよう準備を整えていたのだ。けれど、堀はバンドを始めたばかり。それを井原は知らなかった。わずか1か月半で集まってくれた仲間を放り出すわけにはいかない。堀は丁寧に事情を説明した上でその誘いを断った。だが、それでは井原のメンツが立たない。

「それなら誰か別の人を推薦してくれないか？」

堀は頭を巡らせるとひとりの人物が脳裏をよぎった。高校時代、一緒にバンドを組んだ幼馴染みの秋元近史だ。親戚筋の会社で働いていた秋元も幸いなことに乗り気だった。結果、秋元は日本テレビに入社し、その後、『シャボン玉ホリデー』などを制作することになるのだ。

さらに、堀に再び声がかかった。

今度は古巣「ワゴン・マスターズ」からだった。バンド内で「内紛」が起こり、鳥尾敬孝ら主要メンバーが抜けてしまったというのだ。ついては、なんとかカムバックしてくれないかという。キヤクタス・ワゴンの活動も半年を超えていた。メンバーからも了承を得て、ワゴン・マスターズに復帰を果たすのだ。

一方、田邊昭知はワゴン・マスターズから脱退した鳥尾敬孝が作った「オールスターズ・ワゴン」にドラマーとして参加することになる。鳥尾もまた「ロック・アラウンド・ザ・クロック」のすさまじいビートに衝撃を受けたひとりだった。自身もウッド・ベースからエレキ・ベースに変えるとともに、ドラムの必要性を感じて田邊を引き抜いたのだ。ボーカルには同じく、この曲が決定打となりロカビリーシンガーとなっていく平尾昌晃がいた。

バンド少年たちはこのように離合集散を繰り返しながら、切磋琢磨し音楽シーンを渡り歩いていったのだ。

聖者が街にやってくる

「横須賀にバスを持っている、すごい楽団がいるらしい」※25

堀威夫がそんな噂を聞きつけ、横須賀に向かったのは1955年のことだった。

横須賀に「ウエスタン・キャラバン」という、なかなかいいグループがあるというんで見に行ったんですよ。それで出会って。若くして亡くなってしまったんだけど二橋（良彦）という奴とはギター弾き同士で気が合ってね。そのバンドのリーダーが相澤（秀禎）だった。彼はバスの運転しながら移動していたね。車の横に「WESTERN CARAVAN」って書いてある。当時としては珍しいでしょう。カッコよかったね。
（堀威夫）

1930年、金物屋を営む家の末っ子として生まれたのが相澤芳郎（のちに秀禎と改める）だった。15歳で終戦を迎えると地元・横須賀には「アメリカ」がやってきた。横浜と並び進駐軍の兵士たちが数多く駐留し、街中に英文字の看板が立てられた。

進駐軍ラジオWVTRから流れるカントリー・ミュージックに相澤は魅了され、毎週土曜の『ウエスタン・ジャンボリー』はラジオの前にかじりついて聴いた。戦時中から音楽好きで、古賀政男の曲を見様見真似でギターで弾いていた相澤が音楽の道に進むのはごく自然な成り行きだった。横須賀の通称「どぶ板通り」にあった街唯一の楽器店「山口楽器」が相澤の〝居場所〟になった。そこで相澤はスティールギターと出会ったのだ。

親類に頼み込んで金を借り、ギターを買った相澤は、借金返済のために米軍基地でアルバイトを始めた。そのバイトの合間に自ら売り込み、米兵の前で演奏をするようになった。やがて相澤はもっとも海兵を輩出していたという名門・横須賀中学の「ガキ大将」として有名だった二橋良彦らとハワイアンバンドを結成。まだ無名時代の美空ひばりのバックで演奏したこともあるという。当時、相澤は仲間から「コークーボカン」というあだ名で呼ばれていた。頭の形が航空母艦に似ていたからだ。※26
相澤はこの頃からプロデュース能力に長けた男だった。米兵の前で演奏するには英語で歌う人材が必要だと考えた相澤は、「山口楽器」で出会った海兵隊員のロスティ・リチャードをボーカルにスカウトして加えると、17歳で横須賀市の武山の陸軍キャンプ、進駐軍専用ビアホール「サクラビアホール」などに出演して横須賀界隈で評判の少年バンドとなった。

「ディス・イズ・ナンバーワン・ジャパニーズ・バンド！」

相澤は精一杯の虚勢を張りながら米兵たちの前で演奏をした。事前に陸軍で歓迎されると知っていた「マウンテン・ソング」を披露すると割れるような拍手が巻き起こった。

腹の底まで熱くなるような感覚が相澤の脳裏に焼き付いた。

そんな相澤がバンド時代、〝プロデューサー〟として行ったもっとも大きなことが、バンド専用バスの購入だった。

その頃、バンドの名前を「ジミー・アンド・テネシー・ハニーズ」から「相澤芳郎とウエスタン・キャラバン」に変えたが、「キャラバン」と名乗っているにもかかわらず、自分たちの「足」がなかった。横須賀市内だけでなく他のキャンプも回ってみたい。だが、その術がなかった。自家用車を買ったところで全員が乗れるわけではない。そこで思いついたのが「バス」だった。たまたま兄がバス会社に勤めていたことも味方した。廃車になったバスを12万円で売ってもらうことができたのだ。１９５４年、相澤が24歳のことだった。

ボディはアメリカ人が好きなグリーンに塗り、そこに「WESTERN CARAVAN」とバンド名を書いた。ニコニコしてベースを弾くキャラクターも描き、ド派手なバスができあがった。

すると街でもすぐに評判になった。米軍キャンプにそのバスで乗りつけるだけで、米兵は喜び、最初から前のめりで自分たちの演奏を聴いてくれるようになった。横須賀周辺の基地では「ウエスタン・キャラバン」の名を知らぬ者はいなくなった。まさに最高のプロモーションだった。

そして1957年。いよいよ機は熟したと相澤は感じていた。東京のジャズ喫茶は毎夜のごとくカントリーバンドの演奏で大盛況だった。若者たちは競うようにジャズ喫茶に詰めかけていた。今の実力なら自分たちも勝負できるはずだ。

「上京するなら、今しかない！」

決心したら相澤の行動は早かった。すぐに大崎に家を借りた。ここにバンドメンバー全員で共同生活をすることにした。とりわけチームワークの良いバンドだと評判だったが、それはバンドバスで移動したり、一緒に住んでいたからだろうと本人たちも分析している。※26

マナセプロダクションとも契約したウエスタン・キャラバンは、念願だったジャズ喫茶のメッカともいえる銀座「テネシー」への出演も果たした。

そこで演奏した1曲には「聖者が街にやってくる」もあった。「僕らは旅をしている」という歌詞で始まるウエスタン・キャラバンにぴったりなジャズナンバーだ。

そんな曲を演奏し終わって一服していたとき、「テネシー」のママが相澤に近づき言った。

「ここに音楽を聴きに来ているお客さんたちはね、一杯八十円のコーヒー代で、幸せを買いに来てるの、相澤さん。わたしたちの仕事は、幸福を売る商売と言えるわね[※25]」

お金だけが目当てなら、もっといい仕事がある。けれど、音楽には人の心を動かし、聴く人が幸せな気分になる力がある。即ち、幸せを売る仕事なのだ。

そんな彼女の言葉が、相澤秀禎の人生を決定づけることとなった。

5章　もうひとつのウエスタン・カーニバル

有楽町で逢いましょう

有楽町の空を見上げると、そこには多くのハトが飛んでいた。

1950年代の有楽町周辺は「ハトだらけ」だったと、永六輔は高田文夫との対談で証言している。

永　われわれが通ってた頃の有楽町ってハトだらけだったでしょ。テレビが始まる頃まで、朝日新聞も毎日新聞も読売新聞も、原稿は全部伝書バトが運んできてたんだから。

高田　覚えてる！（略）

永　何百羽と飛び回ってたでしょ。

高田　そうそう。
永　だから有楽町駅の周辺て、ハトのフンだらけ。
高田　♪あなたを待てばフンが降る…（笑[※27]）

ふたりがそう語るように、当時は朝日、毎日、読売の新聞各社が有楽町に揃っていた。いわば日本中の情報が集まる情報発信の地だったと言えるだろう。

1910年、明治後期に山手線が延伸され、有楽町駅が開業。1933年には「日劇」の名で親しまれることになる日本劇場が、さらに翌年には東京宝塚劇場がオープン。その他にもよみうりホール、第一生命ホール、丸の内ピカデリー、芸術座など次々と劇場が建てられ日本を代表する劇場の街となった。さらには、1951年にラジオ東京（現・TBSラジオ）、1954年にはニッポン放送が有楽町に置かれた。日比谷映画や有楽座、スカラ座などの映画館も林立。洋画ロードショーのメッカとして多くの観客を集め、日活、東宝、新東宝など日本の映画産業界の大手6社の本社が有楽町に集中した。文化発信の地でもあったのだ。

また、1952年にスタートし、「番組が始まる時間になると、銭湯の女湯から人が消える」などといわれ一大ブームを巻き起こしたNHKによるラジオドラマ『君の名は』の舞台も有楽町にあった「数寄屋橋《すきやばし》」だった。

　1957年5月には関西を本拠地とするそごうデパートが、東京店を有楽町駅前に初出店。そごう大阪本店は戦後、進駐軍に接収され軍専用の売店などとして利用された。1952年に接収は解かれたが業績は低迷。東京進出は社運をかけた起死回生の策だった。

「東京店のイメージを『洗練された』『若々しい』などの言葉にふさわしいものにせよ」

　東京・有楽町進出にあたり、社の上層部から宣伝部には、そんな厳命がくだされていた。[※28]

　その頃は洗練された若者が集う街といえば渡邊美佐も通っていた銀座だった。対して有楽町はガード下に飲み屋が軒を連ね、周辺には戦後の闇市の名残をとどめた「すし屋横丁」と呼ばれる飲食店街もあり、若者からは敬遠される要素もあった。そのイメージを払拭させなければ、社運のかかった東京進出を成功させることはできない。

　そごう宣伝部の若手・豊原英典は偶然目にした『ラスヴェガスで逢いましょう』というアメリカ映画の看板を見て「有楽町で逢いましょう」という広告コピーを思いつき、オープンの半年前から、当時もっとも影響力の大きなラジオを使い宣伝した。するとこれが流行語になり、５月25日の開店時には、雨が降ったにもかかわらず１日で約30万人が押し寄せた。

キャンペーンソングとして楽曲も発売された。それが先出の対談で高田文夫が替え歌にして歌っているフランク永井のヒット曲「有楽町で逢いましょう」だ。この曲は、いわばＣＭタイアップ曲の先駆けといえるだろう。

あなたとわたしの合言葉
「有楽町で逢いましょう」

この曲は、半年で約50万枚が売れる大ヒットを記録。「あなたを待てば　雨が降る」の歌い出しは、開店の日の雨を想起させる。さらに同名の小説、映画も生まれた。

１９５０年代、有楽町は、「戦後を象徴する盛り場」となっていたのだ。そんな「文化芸能の中心地」に「東京ヴィデオホール」はあった。

東京ヴィデオホール

「日本で一番大きな広告代理店はどこか知っているか」

面接官はそう目を光らせて尋ねた。

「はい。日本電報通信社です」

「その会社と喧嘩する自信はあるかね」

「喧嘩の相手は大きいほどやりがいがあります」

のちに株式会社ビデオプロモーションを設立し、『11PM』（日本テレビ）や『美の巨人たち』（テレビ東京）など数々の名番組を手がけ、『鉄腕アトム』をアメリカに売り込みヒットさせた藤田潔は、そんな面接試験を経て有楽町にできたばかりの広告会社「ラジオテレビセンター」に入社した。1953年春のことだ。[※29]

ラジオテレビセンターは、有楽町駅そばの「蚕糸《さんし》会館」にあり、そこには東京ヴィデオホールが併設されていた。ラジオとテレビの公開放送ができる施設で、日本テレビ開局と同じ1953年にオープン。1階2階合わせて600人ほどの観客を入れることができた。ラジオは録音が可能だったが、テレビはまだVTRがなく基本的にすべて生放送。従ってお笑いやバラエティショーなどに重宝された。やがて藤田は東京ヴィデオホールの企画を任されるようになり、ジャズを中心に年間約50本のライブを企画した。

1回目の日劇ウエスタン・カーニバルの前に、ウエスタンのバンドばかりを集めたライブを有楽町のヴィデオホールでやっていたんだよ。藤田さんがウエスタンバンドを最低5組くらい、多い時は7~8組集めて、月末の土日とかにやってたの。そのタイトルも確か「ウエスタン・カーニバル」だったと思う。だから日劇よりも先にやってたんだよ。（田邊昭知）

その証言どおり、ヴィデオホール版「ウエスタン・カーニバル」は、日劇ウエスタン・カーニバルが始まる4年前の1954年から始まった。夏はハワイアン、春と秋にウエスタン・カーニバルを開催し、その他の月はジャズのコンサートを開催していた。日劇版が始まる前年の1957年春、5月5日に開催されたウエスタン・カーニバルは、ミッキー・カーチスを擁するクレイジー・ウエスト、ブーツ・ブラザーズ、チャック・ワゴン・ボーイズ、当時、平尾昌晃がいたオールスターズ・ワゴン、相澤秀禎のウエスタン・キャラバン、岸部清や山下敬二郎がいたサンズ・オブ・ドリフターズ、小坂一也がいたワゴン・マスターズが出演している。

『ミュージック・ライフ』誌のリポートに「本邦ウエスタン界最大の催しの一つ」で「何処のバンドでもこのカーニバルが近ずくと多忙の時間を割いて、当日のレパートリイ（演奏曲目）の総仕上げにかかる」[※30]（原文ママ）と書かれているようにウエスタンバンドにとって重大なライブだったことがわかる。会場には入りきれないほどのファンが詰めかけ「客席からあぶれた人達は通路に坐る有様」だったという。その多くがティーンエイジャーだった。

「乱れとぶ花束と五色のテープは舞台と観客席をつなぎこの日の七つのバンドの四十八名のプレイヤー、歌手を驚かした[※30]」とその様子がリポートされている。ここで興味深いのは、日劇ウエスタン・カーニバルを象徴する「客席からの紙テープ」が既にヴィデオホールでも飛んでいたということ。

すべての〝準備〟は整っていたのだ。

ちなみに藤田潔はその後、１９６０年に独立し、ビデオプロモーション設立。イベントや番組のプロデューサーの他にもロイ・ジェームスや野坂昭如、永六輔、前田武彦といった文化人、放送作家出身のタレントのマネジメントも担当し、〝放送作家ブーム〟

の一翼を担うことになる。

嵐を呼ぶ男

ヴィデオホール版「ウエスタン・カーニバル」も何の前触れもなく始まったわけではもちろんない。その下地になったのは、ジャズ喫茶だった。

1957年末、映画『嵐を呼ぶ男』が封切られた。配給収入3億4880万円を記録し、石原裕次郎の代表作となった映画だ。映画の冒頭は、ジャズ喫茶のシーンから始まる。そこで激しいロカビリーを歌っているのが平尾昌晃だ。

この年の秋頃、ジャズ喫茶「テネシー」に『嵐を呼ぶ男』で監督を務めた井上梅次と渡辺プロの渡邊美佐らが来店した。映画に起用するステージ歌手を探すためで、のちに「ロカビリー三人男」と呼ばれることになる平尾、ミッキー・カーチス、山下敬二郎らが候補になっていたという。

「あなたのステージを見て、椅子からひっくりかえりそうになったよ」

平尾のステージを見た後、楽屋を訪れた井上は絶賛し、映画への起用を決めた。※31

「その格好で来てくれ」

井上は映画出演を正式に依頼した上で、そう平尾に告げた。平尾はその日、誰よりも目立つように真っ赤なジャケットを着て激しく歌っていたのだ。

いざ撮影所に行くと「テネシー」そっくりのセットが組まれていた。当時の映画界には桁違いの予算があったのだ。クランクインは10月24日。クランクアップは11月27日。そして12月29日に公開された。[※32] まさに映画全盛期ならではスピード感だ。

北原三枝演じるヒロイン・福島美弥子のモデルは渡邊美佐。まだ「ロカビリーマダム」として世間から注目される直前。彼女が脚光を浴びる未来を予見したかのような映画だった。「この野郎、かかって来い！　最初はジャブだ、左アッパーだ、右フックだ！」などと台詞を入れながらジャズドラマー役の石原裕次郎が劇中で歌う同名の主題歌も大ヒットした。ちなみにクレジット上は監督・脚本を手掛けた井上梅次が作詞となっているが、井上の脚本をもとに曲に詞を当てはめていったのは、当時ジャズ喫茶の司会などを行っていた大橋巨泉だった。[※32]

ジャズ喫茶

現在、ジャズ喫茶といえば、コーヒーを飲みながらジャズを静かに聴く店というのが一般的なイメージだろう。ひとたび大きな音を立てたり喋ったりしようものなら、すぐに注意される。そんな上品で一見さんにはどこか敷居の高い印象がある。それは「DIG」や「ヴィレッジ・ヴァンガード」といった1960年代のジャズ喫茶のイメージかもしれない。

その源流は1920年代の「音楽喫茶」に遡る。1929年には、日本初のジャズ喫茶といわれる本郷赤門前に「ブラックバード」が誕生する。店主は「ケリー」の愛称を持つ野口清。自分で貯めた資金と半分は親からの借金、資本金2750円で、間口二間、奥行四間という小さな店舗で始めた。借金は当時としては大金だったが、わずか3か月で返済できるほど繁盛した。[※33]

最先端の音響装置であるビクターのエレクトラという電動式連奏プレーヤーを導入したことで人気を博したのだ。これにより、最先端のオーディオ施設と豊富な店主のレコードコレクションを揃え、ジャズレコード鑑賞を主目的とする店がジャズ喫茶と呼ばれ、同じ年に開店した新橋「デュエット」に続き、浅草「ブラウンダービー」、銀座「ゆたか」、横浜「ちぐさ」、新宿「マド」などが立ち並んでいく。当時はまだ市井の人には手が届きにくい〝高級な音楽〟だったジャズが、こうしたジャズ喫茶によって大衆化されていったのだ。

ちなみに野口は京橋にも「ブランスウィック」というジャズ喫茶を１９３１年に開店させている。この店は戦後の１９４６年に新橋に移転。三島由紀夫の小説『禁色』に描かれた「ルドン」というゲイバーのモデルとなったことでも有名だ。つまりこの店にはジャズ喫茶とゲイバーというふたつの顔があったのだ。野口のセクシュアリティは実際のところは不明だが、ゲイの客に商機を見出していたのは間違いがなく、「美少年募集」の広告を出し、容姿端麗な給仕を揃えていた。野坂昭如も一時、この店でアルバイトしていたという。野口清は、ジャズ喫茶の嚆矢となっただけでなく日本におけるゲイバー文化の草分けにもなったのだ。[※33]

こうしたジャズ喫茶が脈々と続いていく中で、１９５０年代、同じ「ジャズ喫茶」でもまったく違う趣向の「ジャズ喫茶」が生まれる。

それが１９５３年９月に開業した銀座「テネシー」だ。

レコードを聴かせるこれまでのジャズ喫茶とは大きく逸脱し、バンドの生演奏を観ることができるのが大きな特徴だった。この頃、日本には空前のジャズコンブームが起こ

1953年開業のジャズ喫茶、銀座「テネシー」（提供：朝日新聞社）

っていた。日本人の間にはかつてないほどジャズ熱が高まったが、それを聴くことができるのはジャズコンサートだけ。それ以外では学生を中心としたダンスパーティーの会場か、ナイトクラブやキャバレーに行くしかなかった。しかも、これらはあくまでダンスの伴奏。「ジャズを聴く」という欲求を満たすものではなかったのだ。

そこに目をつけて生まれたのが「テネシー」だった。コーヒー1杯の値段は普通の喫茶店に比べると2倍ほどの割高だったが、その1杯の料金だけでジャズの生演奏が聴ける。それはあまりにも魅力的だった。「テネシー」の成功を受け、銀座には同様の形態のジャズ喫茶（以降、本書で単に「ジャズ喫茶」と記す際は、この形式のジャズ喫茶を指す）が次々とオープンし、そのムーブメントは各地に伝播していった。

バンドマンたちにとって「テネシー」で演奏することはステータスとなった。当初はその名の通り、ジャズバンドが主役で、「テネシー」では3分の2を占めていた。一方、ウエスタンバンドは主に昼の部を担当していた。ジャズバンドが演奏する際は、司会が用意された。それが、いソノてルヲや雑誌『ダンスと音楽』などでジャズ評論を書いていた大橋巨泉らだった。

しかし、ジャズコンブームが下火になっていくにつれ、ジャズバンドの需要は落ち込み、50年代後半には主役はウエスタンバンドに変わっていった。

銀座ACB

1957年12月に開店した銀座「ACB（アシベ）」の前身は料亭「あしべ」だ。この料亭は繁盛していたが、その常連客の東京ガス社長・安西浩は店主の谷富次郎・和子夫婦にある日こう提案した。
「銀座七丁目のうちのビルの地下が空いているんだけど、何か商売をやらないか」[※34]
妻の和子はそれには消極的だったが乗り気になったのが夫の富次郎だった。富次郎は生バンドがいて酒があってホステスとダンスが踊れるナイトクラブのようなキャバレーを当初は考え、やる気満々だった。料亭では自分は板前。主役は「女将《おかみ》」である妻だ。その立場に忸怩たる思いがあったのだろう。しかし、ビルには東京ガスの本社が入っていた。その地下にキャバレーなど入れるわけにはいかない。東京ガスの役員会で猛反対にあった。それでも富次郎は諦めなかった。「キャバレー」という看板がダメなら「純喫茶」ということにすればいい。そうして「純喫茶ＡＣＢ」は開業に向けて動き出した。

富次郎は「テネシー」や「ニュー美松」から大阪の「ナンバ一番」といった既存のジャズ喫茶、さらにはシャンソン喫茶の「銀巴里」まで参考になりそうなところには片っ端から足を運んで店の構想を練った。そうして、地下1階と2階をぶち抜き、中央には回転するステージを設置し、その周りを客席が取り囲む店ができあがった。回るステージは新宿コマ劇場をヒントにしたものだという[※34]。

開店当初は、生演奏が聴けて美人ウエイトレスがいるというのが売りだったが、客足は思ったほど伸びなかった。だが、折しもロカビリーブームの足音が聞こえ始めていた時期。男性客向けの美人ウエイトレスを配すのをやめると一気に女性客が集まりだしたのだ。

その大きな要因となったのが渡辺プロの協力だった。

実は谷の娘の冨貴子が渡辺プロのダイヤモンドシスターズというコーラスグループに所属していた。その縁もあり、ウエスタンバンドを多く抱える渡辺プロが優先的にバンドを手配してくれたことでジャズ喫茶の中でも大きな存在感を持つようになっていったのだ。やがてテネシーやACBを始めとするジャズ喫茶はウエスタンバンドの重要な拠点となっていった。

こうしてジャズ喫茶はやがて到来するロカビリーブームの基盤を支えることになる。そんなロカビリーブームの兆しを敏感に察知している男がいた。草野昌一である。

ミュージック・ライフ

草野昌一は父・貞二が新興音楽出版社を興す前年の1931年に生まれた。戦後はWVTR（FEN）に熱中し、音楽の洗礼を浴びると、1949年に早稲田大学に入学。ダンスパーティーを主催するなど、どっぷりと音楽のある生活を送っていた。音楽なら何でも好きだった草野だが、とりわけ外国のポップスが好きだった。当時、日本にはふたつの音楽雑誌があった。ひとつはジャズ専門誌の『スイングジャーナル』、もうひとつは社交ダンス専門誌でジャズも扱っており大橋巨泉らも寄稿した『ダンスと音楽』だ。だが、それらだけでは草野は満足できなかった。

「絶対ダメだ。雑誌をやっても、成功するはずがない」[※16]

もっとポピュラー音楽が載った雑誌をやりたいと父・貞二に相談するも、『ミュージック・ライフ』を戦後すぐ廃刊させた苦い思いが色濃かったためか、猛反対にあってしまう。しかし、諦めなかった草野は半ば強引に『ミュージック・ライフ』復刊を進めていく。雑誌コードと誌名をそのまま使い流通ルートを確保すると、1951年8月、草野昌一による新装『ミュージック・ライフ』が誕生したのだ。この時、草野はまだ大学生だった。6000部刷った創刊号は見事、完売を果たした。

1952年から興り始めたジャズコンブームは雑誌にも恩恵をもたらし、1953年のノーマン・グランツ率いるJATPの来日の際には雑誌を再発売するほど売れに売れた。

一方で、雑誌として権威があるのは、1947年に創刊し先行していた『スイングジャーナル』のほうだった。渡邊美佐も「当時、うちはジャズの事務所でしたから『ミュージック・ライフ』というよりも『スイング・ジャーナル』だったんです。『スイング・ジャーナル』の人気投票は権威がありましたし、当時の『スイング・ジャーナル』の編集長だった小池（註：幸三）さんは本当に大人が作っている感じがしました。その反面、草野さんはやはり若いじゃない（笑）[※16]」と証言している。

そんな渡邊美佐と草野が出会ったのは有楽町の三信ビルに渡辺プロを構えた1955年だった。プロダクションを始めたばかりの美佐は、『ミュージック・ライフ』に広告を出したのだ。

「日本で初めてのプロダクション」

渡辺プロの先駆的イメージを形作るそのキャッチコピーは草野昌一によるものだった。この頃から草野は三信ビルをよく訪れ、ビル内にあった「ピーターズ・レストラン」で酒を酌み交わしながら渡邊晋と音楽談義に花を咲かせていたという。

プレスリーの登場

ちょうどこの頃、ジャズブームは急速に下火になりつつあった。ジャズブームの翳りはそのまま雑誌の売れ行きにも直結した。このままではいけない、その方向性を模索していた時、ひとりの男の登場により世界の音楽シーンは塗り替えられていく。

エルヴィス・プレスリーである。

前述のように1955年、映画『暴力教室』の主題歌「ロック・アラウンド・ザ・クロック」でロックンロールが世間に受け入れられる下地は整っていた。そんな時に現れたのがプレスリーだった。

1958年に『ミュージック・ライフ』に掲載された「ロッカビリー音楽の歴史とその現状」という記事には、プレスリーの「ハートブレイク・ホテル」が発売された1956年1月12《ママ》日を「ロッカビリーの紀元節」と形容している。[※35] 白人音楽のカントリー&ウエスタンの一部がヒルビリーと呼ばれ、黒人によるリズム&ブルースから派生してロックンロールが生まれた。やがて、プレスリーのようなカントリー&ウエスタンともリズム&ブルースともポピュラーともいえない新しい音楽をロックとヒルビリーを組み合わせて「ロカビリー」（当初は「ロッカビリー」あるいは「ロックベリー」などと表記が揺れていた）と名付けられたのだ。

かまやつひろしも「エルビス・プレスリーの登場はショッキング」だったと回想している。「彼はロックを若者の音楽にした革命児で、怒れる若者の代弁者のような半モラル的な匂いを発散していた[※12]」と。そのカリスマ性は、三島由紀夫が当時、「誰になりた

いか?」というアンケートで「エルヴィス・プレスリー」と回答していることでも窺える。[※36]

もちろん日本の音楽シーンにも多大な影響を与えた。その衝撃を真正面で受けたのがウエスタンバンドの面々だった。彼らは、その曲調をロカビリーに寄せていった。すると、ジャズ喫茶には連日、ティーンを中心とした女性客が押し寄せるようになっていったのだ。

ヴィデオホール版「ウエスタン・カーニバル」の熱も回を追うごとに高まりを見せていた。毎日のようにジャズ喫茶に通っていた草野昌一がそのブームの息吹を見逃すはずはなかった。他誌に先駆けて『ミュージック・ライフ』で大々的に取り上げた。もしかしたらそれは権威となった『スイングジャーナル』への若者である草野の〝反抗〟だったのかもしれない。草野はさらにある秘策を思いついた。

「ぜひともこの企画を日劇へ進出させよう[※23]」

堀威夫と鳥尾敬孝との雑誌の対談企画を行った後、3人でウエスタン・カーニバルの盛況っぷりと昨今の音楽状況を話しているうちに誰からともなく、そんな言葉が発せられた。それまでハワイアンやカントリー&ウエスタンはジャズと比べ音楽的ステータスが低く見られていたと堀は言う。当時もっともステータスの高い日劇こと、日本劇場で公演を成功させることができれば、ウエスタンバンドの格を飛躍的に向上させることができると考えたのだ。

ついに「日劇ウエスタン・カーニバル」は誕生に向けて動き出したのだ。

しかし、定期的に会合を重ね企画を練っていく中で思わぬ事態に陥ってしまう。鳥尾敬孝がオールスターズ・ワゴンを脱退することになってしまったのだ。3人のうちひとりを失った企画は暗礁に乗り上げてしまった。

目玉不在

「おとぼけもいい加減になさいよ！」
ジャズ喫茶「テネシー」のママが渡邊美佐に向かって激昂した。
「でたらめもいいとこよ。日劇に出してやるから、なんて、若い子たちをあおって、どうしようっていうの。うちの商売を荒らそうって魂胆なの」※2
鳥尾敬孝が抜けて困った草野昌一と堀威夫は、渡辺プロの渡邊晋を頼った。赤坂のナイトクラブ「コパカバーナ」で演奏中だった晋を訪ね、企画をプレゼンすると「俺は現役のジャズマンだし、まさかウェスタンの催しに手を出すわけにはいかない[※23]」という答えだった。ジャズブームが去り苦境に立たされているジャズメンたちを支えようとしていた晋にとって当然の回答だった。けれど堀たちは諦めなかった。説得すると遂に、晋は妻の美佐にこのプロジェクトを一任することにしたのだ。

時を同じくして美佐もまたウエスタンバンドの盛り上がりに注目し始めていた。美佐はまず主要ジャズ喫茶の直近半年余りの演奏プログラムを取り寄せた。すると、ある店では1か月昼夜60回の出演バンドのうち、ウエスタンバンドが35回も出ていることがわかった。他の店でも土曜・日曜はほとんどロカビリーだった。美佐は、ウエスタンバンドに詳しいマナセプロダクションにいる妹の信子と日劇の演出家の山本紫朗とともにジャズ喫茶をめぐり、日劇ウエスタン・カーニバルに出演できそうな有望なバンドを探し歩いていた。その行動が「テネシー」のママの逆鱗に触れたのだ。

それでも美佐はやめるわけにはいかなかった。

日劇ウエスタン・カーニバルの企画を聞いた当初、構想にあったのは「シックスティーン・トンズ」を歌い人気絶頂だった小坂一也を目玉とする案だった。小坂はいち早くプレスリーの「ハートブレイク・ホテル」などをカヴァーし、元祖「和製プレスリー」

などと呼ばれる一方で、古賀政男作曲の歌謡曲の色合いの強い「青春サイクリング」をヒットさせ、1956年以降、3年連続でNHK『紅白歌合戦』にも出場を果たした。今で言う〝インディーズ〟のような存在だったウエスタンバンドの中から生まれた初めての「スター」だった。

だから、日劇ウエスタン・カーニバル成功のためには是が非でも出演してもらいたい存在だった。だが、小坂側の都合でこの話は流れてしまう。主役を失ってしまったが、ならば、と発想を変え、新たな潮流である「ロカビリー」それ自体を主役にすることを決め、それに見合うバンドを探していたのだ。

実は小坂は1957年の初め頃、堀威夫とも袂《たもと》を分かっている。「僕は流行歌手としてのジャンルに魅力を持っている」[※37]とハッキリ語る小坂が映画主演も果たし、ますます人気を高めていく中で、堀はこのままではワゴン・マスターズが小坂の伴奏バンドになってしまうという危機感を募らせていた。

エルヴィスの曲とか、当時外国ではやったものを日本語の歌詞に直してレコードを出すというのを、各レコード会社でいろいろやっていたんですね。エルヴィスのヒット曲である、例えば「監獄ロック」とかそういったものをやるときに、ワゴン・マスターズにはドラムがいないので、エキストラ（代役）のドラムが入ってレコーディングをした。ライブ・パフォーマンスになるとドラムがいない。でも、その曲はポピュラーだからリクエストがいっぱいくる。ドラムなしでやると、どうも間が抜けちゃう。だからワゴン・マスターズの中でドラムを入れるべきと僕は主張したんだけど反発された。せっかく今、小坂がブレイクして、こいつと一緒にやっていれば何も冒険しなくてもいいという、言ってみれば保守的な考え方がバンドの中で主流だったんです。それで僕と寺本（圭一）は抜けたんです。（堀威夫）

堀威夫はボーカルの寺本圭一とともに1957年3月31日、「新橋フロリダ」で、新しいバンド「堀威夫とスイング・ウエスト」をスタートさせた。肝心のドラムには弟分の田邊昭知を呼び寄せた。ドラムの他にフィドルが2本入った9人という当時としては思い切った編成だった。彼らの演奏を観客として見ていた飯田久彦は当時の印象を次のように語っている。

堀さんはどっちかというと真面目にギターを弾くほうで、あんまり動いたりなんかはしませんでしたね。もちろんドラムなんかは動けませんけど、やっぱりドラムってアクションによって、格好よさっていうのが出てきますから。田邊さんは格好よかったですね。（飯田久彦）

この年、彼らは渡辺プロの〝客分〟のような形で契約アーティストとなった。渡辺プロ所属だが実質的なマネジメントは堀自身が行うというものだ。「ヤング・ラブ」でレコードデビューも決まっていたが、なぜかお蔵入りになったと連絡があった。テレビ出演やコンサートもキャンセルが相次いだ。実は古巣のワゴン・マスターズのマネージャーからの妨害があったのだという。それに反発し、ますます闘志を燃やし演奏に力を入れた甲斐もあり、年末に発表された『ミュージック・ライフ』誌の人気投票でワゴン・マスターズらを抑え、1位に輝いたのだ。ちなみに第1回日劇ウエスタン・カーニバルでトップクレジットを取るのは寺本圭一である。

若いライオン

「すばらしいのを発見した！　足がスゴいのよ！」

曲直瀬信子は興奮して美佐にまくし立てた。

「歌は上手いの？」

「歌なんかどうでもいいのよ！　あれは〝若いライオン〟よ！　とにかく一緒に観に行きましょう！」

有無を言わさぬ勢いだった。日劇ウエスタン・カーニバルを演出することになる山本紫朗は、その「一番の功労者はのーちゃん（信子）」だと評している[※5]。当初、美佐も山本もロカビリーのことをよく知らなかった。

「まるでジャングルではないか[※38]」

ジャズ喫茶を回っているとき美佐はロカビリーに対し、そう思った。自分たちが聴いていた音楽とは全く違う異様なものに映った。それどころか音楽を聴くというムードも何もない。野生に放りこまれたような感覚がした。そんな彼女たちに対して信子は既にロカビリーをよく知っており、ブレーン的存在になった。彼女が見るべきバンドを手配し、出演するバンドを決めていった。中でもこのときばかりは、いつもと様子が違っていた。

信子に導かれるまま美佐と山本は、その男が出演するという1957年11月に行われたヴィデオホール版ウエスタン・カーニバルを訪れた。

男は、プレスリー顔負けのスタイルで両足を大きく開いたまま腰を激しく震わせ、ギターを抱えながら歌うというよりは絶叫しながら暴れまわっていた。その一挙手一投足に少女たちの悲鳴にも似た歓声が重なっていく。

会場は感じたことのない興奮に包まれていた。

「これよ、これがロカビリーなのよ！」[※2]

信子はうわずった声で言った。美佐は「若い世代のエネルギーと生命の讃歌を直感[※39]」した。

その男こそ山下敬二郎だった。

大人気落語家・柳家金語楼を父に持つ山下は、この頃、岸部清率いる「サンズ・オブ・ドリフターズ」に所属していた。この年の2月に加入したばかりだった。岸部は後に第一プロダクションを設立。千昌夫、小林幸子らを育てていく人物だ。

「あなたのステージを見てすっかり感動してしまった。どうしてもウチに来てほしい」

信子はすぐに山下のスカウトに入った。マナセプロダクションが抱える相澤秀禎率いる「ウエスタン・キャラバン」のリードボーカルに迎えたいというのだ。だが、山下にしても岸部に対する恩義があった。岸部に「おまえなんかもういらないよ。出ていけ！」とでも言われない限り移籍するつもりはなかった。[※31] しかし、信子はしつこかった。相澤とともに説得を続け、遂に山下も岸部も根負けし、ウエスタン・キャラバンへの移籍が決まったのだ。１９５７年12月のことだった。

山下は日本のロカビリーブームについて「あれはエルヴィスが生んだものではなく、間違いなくオレたちが生んだ純然たる『和風ロカビリー旋風』だった」と綴っている。「戦争に敗れ、一面焼け野原となった日本に、ようやく復興の兆しが見えてきたそんな時代に、そのパワーの一端を担った若者たちが、自分の欲求のはけ口として喰らいついてきたもの、それがオレたちの『ロカビリー』だった[※40]」

6章　日本劇場とウエスタン・カーニバル

陸の竜宮

「清く正しく美しく」

宝塚歌劇団のあまりにも有名なキャッチフレーズは、当初、東宝全体の企業理念として掲げられたものだという。※41

小林一三《いちぞう》が宝塚歌劇団を創設したのは、鉄道経営のためだった。「箕面《みのお》有馬電気軌道」の専務となった小林は、大阪の梅田から箕面・宝塚・有馬方面へとつなぐ路線を敷設する計画に参加した。だが、恐慌もあり利益が見込めない。そこで彼が考えたのが住宅地開発だった。今では当たり前の考え方だが、当時としては革新的なものだった。さらにその土地の価値を上げるためレジャー施設などの開発にも取り組んだ。そのひとつの事業が宝塚新温泉の娯楽館「パラダイス」における「宝塚少女歌劇」だった。1914年にデビューすると、4年後には東京に進出。帝国劇場での初公演を成功させた。

小林の事業はすべて「大衆」を基礎に置いているという。しかもその大衆は、いわゆる労働者階級ではなく、大正時代以降に登場した都市部の新中間層。[※41]そうした層へ向けての「国民劇」の創生を唱えるようになっていった。

1932年、株式会社東京宝塚劇場（東宝）が設立される。2年後にはキャパ2800人の東京宝塚劇場がオープンし、小林一三の本格的な東京進出が始まった。当時の東京の興行界は大谷竹次郎率いる松竹が帝国劇場など主要劇場を傘下に収め一大勢力を築いていた。そこに小林は真っ向から勝負を挑んだ。東宝はキャパ1700人の日比谷映画劇場、キャパ1600人の有楽座と、大衆向けの劇場を日比谷・有楽町エリアに次々と建設していった。

そんな有楽町に日本劇場がオープンしたのは東宝設立の翌年1933年のことだった。「一等国の象徴」のような劇場を作りたいという構想で建設が始まり、約4年の歳月をかけて完成した。地上5階地下2階、雄大で壮大なる近代建築は東洋一の風格を誇り、王冠を模した半円形の豪華な建造物は「陸の竜宮」などと呼ばれた。

キャパ2900の座席は5つのランクにわかれ、3階が30銭、以下1円、2円と高くなり、特別席には5円の高値がつけられた。カレーライス10銭程度の時代、大変な金額だった。一等国に相応しい格式ある高級劇場にしようとしたのだ。

しかしオープンしてほどなく経営は火の車と化していた。何しろ、経営陣が興行の素人たちばかりだったからだ。これを東宝も松竹も見逃さなかった。激しい日劇争奪戦に勝ったのは小林一三率いる東宝だった。1935年、東宝は日劇の経営権を手中に収めると客席の入場料を一律50銭に抑え大衆化をはかり、翌1936年には、日劇ダンシングチーム（NDT）が発足。日劇は名実ともに日本を代表する劇場となった。1941年の李香蘭こと山口淑子《よしこ》の公演では日劇を7周半取り囲むほどファンが押し寄せ、消防車が出動し放水をして群衆を移動させたという逸話も残っている。

一方で多くの劇場がそうであったように日劇もまた戦争や軍に翻弄された。

1936年の二・二六事件では、決起将校たちが占拠した朝日新聞社がほど近くにあったため、周辺住民の避難場所となり、戦争が始まると軍部の広告塔としても使われた。NDTは「東宝舞踊隊」と名称変更を余儀なくされた。さらに戦火が拡大すると、風船爆弾の製造工場として使われるようになった。

敗戦後は、進駐軍の接収最有力候補だった。

しかし東宝は日劇を必死に守った。代わりに自らの会社の名前を冠した東京宝塚劇場を差し出すことで接収を免れたのだ。なお、宝塚劇場は沖縄で戦死した従軍記者の名を採って「アーニー・パイル劇場」と名称を変えて1955年まで接収されることになった。

そんな強い思いがあったからだろう。日劇は敗戦後わずか3か月で復活。娯楽に飢えていた多くの大衆が押し寄せた。1952年には、それまで新劇や落語用の小劇場があった5階部分に「日劇ミュージックホール」を設立。トップレスの女性ダンサーたちのレビューは男性たちに熱烈に支持され、あき竹城、浅茅けいこ、春川ますみらを輩出した。

山本紫朗が日劇の演出に参加したのは1946年のことだった。[※5]それまでロッパ一座のプロデュースを有楽座で行っていた山本は、日劇で行われた「銀座千一夜」という公演を手伝ったことをきっかけに正式に日劇の公演のプロデュースを行うようになった。1949年の「ラヴ・パレード」で、美空ひばりを日劇の舞台に上げたのも山本だった。

「日劇に出るっていうのは大変なことだったのよ。チエミちゃんなんか、日劇に初めて

1949年の日本劇場（提供：毎日新聞社）

出た時は入口で日劇をバックに写真撮ったっていうくらい[※5]」

雪村いづみがそう証言するとおり、当時の芸能人にとって日劇の舞台に立つということは、最大の勲章のひとつだった。

1950年代初頭は、やはりジャズの公演が中心だった。53年にはそれがピークに達し、翌54年には急速に減少してしまう。それはジャズコンブームの流れと完璧に符合している。

ジャズブームが終わり、観客動員がやや落ち込んだ日劇を結果的に救ったのが1958年から始まった「日劇ウエスタン・カーニバル」なのだ。

ちなみにこの年、渡邊晋が社長業に専念するためプレイヤーとしての引退を決意する。

その舞台に選んだのも、やはり日劇だった。1958年9月、「秋の日劇ジャズフェスティバル」で表舞台から姿を消したのだ。

スイング・ウエストの休暇

1958年1月21日。

第1回日劇ウエスタン・カーニバルを間近に控え、堀威夫率いる「スイング・ウエスト」は、つかの間の休暇をとっていた。ジャズ喫茶などに引っ張りだこで休みなしでハードスケジュールをこなしてきた。いよいよ大一番であるウエスタン・カーニバルには英気を蓄えた万全な状態で挑みたい。なにしろ、出演するウエスタンバンドの中でほぼ唯一、日劇への出演経験があるのがスイング・ウエスト。いわば格上。生きのいい他のバンドを迎え撃つためには心身ともにリフレッシュしなければならないと考えたからだ。

スイング・ウエストは1週間休みをとり、バンドメンバー全員で新潟の岩原スキー場を訪れた。このときの模様は『ミュージック・ライフ』(1958年4月号)に「スイング・ウエストの休暇」と題して堀威夫が詳細な手記(寺本圭一のイラスト付き)を寄せている。それによるとこうだ。

朝9時に上野駅に集合。滞りなく越後湯沢駅に到着するとすぐに湯沢ホテルにチェックイン。着替えの時間も惜しむようにゲレンデに向かう。7分ほどかかるその道のりも我慢できず、ボーカルの大野義夫やバンドボーイの守屋浩はスキーを履いて歩く始末。

唯一のスキー経験者のボーカル・寺本圭一は、ナイロン製の上下黒のアノラックとスラックスに白の帽子でスマートに決め、ドラムの田邊昭知は、緑のコートに緑のスキー帽、スティールギターの大森俊雄はレンガ色のジャケットにスカーフを首に巻いている。ベースの植田義満は紺の上下を身にまとい、ボーカルの清野太郎はグレーのズボンにチェックの上着、大野義夫は朱のアノラックと、十人十色の華やかな一群は、サングラスで顔が覆われても只者でないことは一目瞭然。若い女性たちが彼らの周りを取り囲むのに時間はかからなかった。

遂に雪山に辿り着いた時にはまだ一度も滑っていないうちから、大森は体中雪だらけになっていた。

まずは経験者の寺本がお手本とばかりに華麗に滑り降りると上ではメンバーが拍手喝采。下では女性たちが歓声を上げる。だが、我先にと滑り始めた他のメンバーは転倒続出。それを見て寺本と女性たちは腹を抱えて笑っていた。

田邊は持ち前の運動神経の良さかセンスの良さで転倒もせずに下まで滑り切る。が、止まることができない。このままでは激突してしまう。女性たちの集団の真ん中で強引に尻餅をついてなんとか止まることができた。

段々とスキーにも慣れ、一丁前に滑れるようになってきた頃だ。

「あ、昭坊！　大きな穴があるぞ！」

得意そうに滑る田邊に、誰かが悪戯心で声をあげた。すると田邊は美しい弧を描くように転倒したのだ。大爆笑する一同。しかし、なかなか立ち上がらない。恐る恐る近寄るメンバー。

「大丈夫か？」と声をかけるも「うぅうぅ」と唸っている。よく見ると左足があらぬ方向に曲がっているのだ。すぐに医者に連れて行くと左足首捻挫の診断が下った。到着後、わずか30分あまりで田邊昭知は滑れなくなってしまったのだ。

そんな事態に一時はシュンとなった面々だが、そこは元気ハツラツな若者たち。すぐに気持ちを切り替え、今度はリフトを使って頂上まで行くことになった。大野は軽快に滑り降りるも途中大きく転倒。

「大丈夫だったか？」

「あれくらいなんでもないよ」

などと言い合っているうちに、清野が何かに気づき、青い顔をして指差した。

「あれ、変だぞ？」

清野が指差した方向は大野が滑ってきた道。その雪が点々と赤く染まっている。アドレナリンが出ていて痛みを感じなかったのか、大野は左足を切ってしまっていたのだ。それに気づき貧血になってへなへなと倒れる大野。骨近くまでに至る裂傷で、その場で医者が麻酔も打たずに2針縫う事態に陥ってしまった。

初日からふたりのけが人を出してしまったスイング・ウエスト。陽が落ち、夕方になるとホテルに戻るためひとりずつ下に集ってきた。

その時、メンバーの目の前を一台のソリが通りかかった。

「あ！　守屋じゃないか！」

ソリにうつむき気味で乗っていたのがバンドボーイの守屋だった。実はこのソリは雪上の救急車。つまり、守屋もまた捻挫し救助されていたのだ。

初日で3人のけが人を出した一行。さすがに2日目は気を引き締めたのか大きなトラブルもなくスキーを楽しみ、帰りの時間を迎えた。

「じゃあ、最後に滑ってくるからな」

清野は意気揚々とリフトに乗り頂上に向かった。勢いよく滑り降りる清野。わずか1日前、少し進んでは転んでいたとは思えない上達ぶりだ。が、まさかというべきか、やはりというべきか、途中で清野は大きく一回転しながら転がってしまった。むくりと清野が起き上がったのを見て、ホッとしたのもつかの間、清野は下で待つメンバーに向かって大きく両手で「×」印をつくった。

結局、清野は他の3人の誰よりも重症。全治1か月の骨折をしたのだ。

「長年ここで医者をやってるけど、あなた達みたいに10人来て4人も怪我するなんて聞いたことないよ」

医者も呆れ顔だった。

第1回日劇ウエスタン・カーニバルに万全の状態で挑むための慰安旅行がスイング・ウエストを手負いの状態にしてしまうという皮肉な結果をもたらしてしまった。大野は椅子に座ってのステージを余儀なくされ、何より痛かったのはロックのボーカルを担当していた清野が出演不能となってしまったことだ。もうひとりのボーカルの寺本が得意とするのはカントリー。ロカビリーの祭典となるウエスタン・カーニバルで、主流となるロックが演奏できなくなってしまったのだ。

運命の悪戯とは、こういうことを言うのだろう。

その結果、それまでの格的には彼らよりも一段下がる山下敬二郎、ミッキー・カーチス、平尾昌晃が「ロカビリー三人男」として脚光を浴び、一気に人気・知名度が逆転。勢力図を塗り替えていくことになるのだ。

二世タレントの祭典

第1回日劇ウエスタン・カーニバルのパンフレットには「最近のアメリカのヒット・ソングの傾向は、ロックンロールもしくはロッカビリィ一色にぬりつぶされている」と始まる音楽評論家・いソノてルヲの檄文が掲載されている。

今回のショウがウエスタンを銘打っても、従来ウエスタン音楽を演奏していた楽団そのものがドラムをいれてロックを売りものにしている以上、ショウそのものはロックン・ロールもしくはロッカビリィの音楽が中心になるわけで、そこにこそ現代の息吹きと、新しい唄を楽しむことが出来る。

新しき唄声よ起れ!! と詩人はうたったが、アメリカに起り、日本に流行しつゝある新しき唄はロッカビリィに他ならない

その出演者は寺本圭一がトップクレジットを飾り、以下、ミッキー・カーチス、岡田朝光、関口悦郎、山下敬二郎、平尾昌晃と続き、水谷良重の前後は「〇」で区切られ、その後に中島そのみ、朝比奈愛子が記され、スイング・ウエスト、ウエスタン・キャラバン、オールスターズ・ワゴンとバンド名が続いている。

このことからわかるように、この出演者の中で水谷良重はある種、別格だった。おそらくこの当時、出演者の中で世間的にもっとも知名度が高かったのも水谷良重だ。彼女は女優・水谷八重子を母に持ち（のちに自身も二代目を襲名）、日本画家の伊東深水の娘・朝丘雪路、洋画家の東郷青児の娘・東郷たまみと「七光会」を結成し既に人気を博していたのだ。1957年版の東宝映画『青い山脈』にも出演していた。

第1回日劇ウエスタン・カーニバルを振り返る際、現在ではあまり指摘されない側面が、このカーニバルが「二世タレント」の祭典でもあったことだ。

前日の毎日新聞夕刊に掲載された告知記事のタイトルは「有名人の二世や兄弟ズラ

「ロカビリー三人男」平尾昌晃（左から2番目）、ミッキー・カーチス（右から2番目）、山下敬二郎（右端）の人気が沸騰（提供：共同通信社）

リ」というもの。記事には「ジャズ喫茶の人気者であるロカビリー歌手を一堂に集めるものだが、不思議なことに有名人の二世や、兄弟など関係者が大半」とある。

　ここで紹介されているのは、女優・清川虹子の息子の関口悦郎や落語家・柳家金語楼の息子である山下敬二郎、さらには「三人娘」雪村いづみの妹の朝比奈愛子、作曲家・平尾貴四男《きしお》の甥である平尾昌晃らだ。記事中には水谷良重の出演にも触れられているが、母の名は記されていない。これは既にそれが自明のことであったためだろう。こうした「二世」を意識的に集めたか否かはわからないが、結果として渡辺プロは清川虹子が太いパイプを持つ東宝と強固な関係性を築くことになった。

加えていえば、この年の12月に行われた第4回日劇ウエスタン・カーニバルで「三人ひろし」の一角としてステージを踏む「ムッシュ」こと、かまやつひろしもジャズシンガーのティーブ・釜萢《かまやつ》の息子だ。

ティーブ・釜萢は1911年ロス生まれの日系二世。日米の二重国籍を持ち、日本でジャズミュージシャンとして活動していた。日本人の恭子と結婚し、1939年にムッシュが生まれた。終戦後ティーブは、アーニー・パイル劇場（東京宝塚劇場）や新橋第一ホテルや横浜グランドホテルなどで演奏する傍ら、後進育成のため1950年に日本初のジャズ音楽の専門学校である「日本ジャズ学校」（通称「ジャズ研」）を開校。ここには息子のかまやつひろしだけでなく、その同級生には平尾昌晃やミッキー・カーチス、「バナナ・ボート」の浜村美智子、「東京ドドンパ娘」の渡辺マリといった錚々たる顔ぶれがいた。以降も弘田三枝子、ペギー葉山、日野皓正《てるまさ》らを輩出。日本の音楽シーンに多大なる影響を与えた。

ちなみに平尾はミッキーより1歳年上だが同じクラスだったという。当時、もっともステータスが高かったジャズ喫茶「テネシー」のステージに先に立ったのは平尾のほうだった。それがミッキーには、たまらなく悔しかった。しかし、平尾は「お坊ちゃん」だから夜遅くのステージには出られない。代わりにミッキーが出ることになった。それがミッキーのプロデビューのきっかけだった。

青春のはけ口

第1回日劇ウエスタン・カーニバルのパンフレットには、8日〜11日は『女殺し油地獄』、12日からは『花嫁三重奏』という映画が告知されている。当時のショーは現在のロックフェスなどの形態とはまったく異なり、「映画と実演」の抱き合わせ興行だった。映画の合間にロカビリーの演奏があるという構成。当時は日本映画全盛期、いわば、ロカビリーの演奏は「添え物」的な位置づけだった。それが開演とともに一気に逆転する。

日劇ウエスタン・カーニバルは戦後初めてティーンをターゲットにしたイベントだったと野地秩嘉は『渡辺晋物語』の中で指摘している。※19 10代から20代の若者たちが歌い踊り狂う。それを見てファンの女性たちが熱狂する。そんな10代の若者たちが消費者となったことを知らしめたイベントだったのだ。

第2回の出演者はクレジット順に、山下敬二郎、ミッキー・カーチス、寺本圭一、平尾昌晃、山名義三、山室信一郎、清野太郎、菊池正夫、大野義夫、岡田朝光／水谷良重、朝比奈愛子、井上ひろし、水原弘、守屋浩、高見純。山下敬二郎がトップに来ている。いかに第1回で強烈なインパクトを残したかがわかる。

さらに井上ひろし、水原弘、守屋浩の「三人ひろし」の原型が並んでクレジットされている。そのうちのひとり水原弘が3回目以降抜け、4回目にかまやつひろしが登場し新たな「三人ひろし」が形成される。第3回で「井上ひろしとドリフターズ」の新人としてステージに上った坂本九は、第4回では水原弘脱退後の「ダニー飯田とパラダイス・キング」のメインボーカルとして出演。年が明けて第5回出演時には、「三人男」に寺本圭一と坂本九を加え「ロカビリー五人男」とも呼ばれるようになった。

ちなみに1958年6月末（つまり第2回ウエスタン・カーニバルが終わった後）に応募が締め切られた『ミュージック・ライフ』誌上の「ウエスタン、ロッカビリーのミュージック・ライフオールスターズ選出人気投票」は、投票総数3万8683票にのぼった。その結果、歌手部門が1位から山下敬二郎、平尾昌晃、小坂一也、寺本圭一、ミッキー・カーチス。エレキギターの1位は堀威夫、ドラムは田邊昭知、ベースに岡田朝光、その他の楽器の1位にバンジョーの大野義夫といった結果だった。

大橋巨泉はこのロカビリーブームで、それまで十把ひとからげに「ジャズ」と呼ばれていた軽音楽が、鑑賞音楽としてのジャズやタンゴ、シャンソンと、「若者たちの青春のはけ口としてのポップス」（ロカビリー）にハッキリ分かれたと分析している。[※32]

時代の申し子

日劇ウエスタン・カーニバルの成功は出演者たちの人生を変えた。

たとえば山下敬二郎は、カーニバルの直後から過密スケジュールに忙殺されることになった。ジャズ喫茶の演奏の合間に、テレビやラジオに出演し、移動の車中で雑誌や新聞のインタビューを受ける。

神武景気の真っ只中、時代は新しいヒーロー／ヒロインの登場を心待ちにしていた。戦後の混乱が一段落し、ようやく若者たちが自分の好きなことをやれる時代になった。けれど、周りには夢中になれるものがない。若者たちは自分たちの行き場のないフラストレーションのはけ口になってくれるような対象を渇望していた。それがロカビリーだったのだろうと山下自身は分析している。[※40]

山下敬二郎はまさに「時代の申し子」になったのだ。

4月には東芝レコード第一号専属歌手として「ダイアナ」でレコードデビューを果たし、大ヒットを記録した。

日本にロカビリーの熱が広がると、9月には「ダイアナ」を歌う〝本家〟であるポール・アンカが来日し浅草の国際劇場などで公演を行った。その時、同じキングレコード所属だったこともありゲストとして共演したひとりが平尾昌晃だった。

ある日、平尾は「ポールが呼んでます」と言われ楽屋を訪れると、当時まだ17歳だった天才少年ポールは思わぬプレゼントを用意していた。

「ミスター・ヒラオ、1曲プレゼントしてあげるよ」

当時、ポールも平尾も譜面など書けない。ポールは即興で「アイ・ラブ・ユー、ラブユー」と、そこだけ詞をつけて歌い、後は「ルルル〜」と口ずさんでいる。それに平尾がギターを合わせていく。しかし時間が来てしまった。

「未完成だけど後はキミが作ってくれ」

出来たのは最初の8小節ほど。それを完成させたのが「好きなんだ！」だった。だが、日本では当初10万枚程度しか売れなかった。

この頃、平尾のマネジメントをしていたのは、永島達司だ。永島はナンシー梅木や笈田敏夫のマネジメントからは手を引きプロモーターの仕事を生業としていたが、鳥尾敬孝から懇願されたこともあり、平尾のマネージャーだけは続けていた。

平尾は父が化粧品会社の社長で静岡有数の名士。大金持ちで何不自由なく育ったため、性格的には「本当に素直でいい奴」だったと回想している。だが一方で「わがままに育ってるし、低血圧だとかで、親が朝起こしても起きない。公演の日は仕方がないから僕が家まで行ってね、引きずり起こして（笑）。それでも目が覚めないから、お湯沸かしてもらって、裸にしてお風呂にぶっ込んだりしてたの」[※42]と、マネージャーとしては苦労が絶えなかった。

だが、彼のマネジメントを続けたことで「呼び屋」の永島にとって思わぬ幸運を呼び寄せた。ハワイでディスクジョッキーをやっていたトム・マフェットが来日した際、永島は「お土産」として平尾の「好きなんだ！」をプレゼントした。ハワイに帰った彼が自分の番組でその曲をかけたところ、現地で大ヒットしたのだ。「上を向いて歩こう」が海外でヒットする何年も前の話だ。けれど、永島にとって本当の幸運はそれではない。

「平尾昌晃をハワイに呼びたい」

ハワイの興行師・ラルフ円福から永島にそんな連絡が入ったのはそれからまもなくのことだった。1959年、平尾昌晃は「アメリカン・ポップス大会」に日本代表で招待される形で公演を行った。その結果、永島はラルフ円福というハワイ在住のプロモーターと親密な関係を築くことができたばかりか、ラルフからアメリカの大手ブッキング・エージェントであるGACのヘンリー・ミラーなどを紹介された。この人脈が永島にとって大きな突破口を切り拓いた。それがナット・キング・コールら大物ミュージシャンの招聘、ひいてはビートルズ招聘へとつながっていくのだ。

口癖の「ドンドンやっちゃう」が流行語にもなったミッキー・カーチスは、日劇効果でまさに〝ドンドン〟仕事の幅を広げていった。カーニバル直前に「月影のなぎさ」でレコードデビューしていた彼は、銀座ACBでのライブを収録した、おそらく日本初の音楽ライブアルバム『土曜はミッキーと』を発売。ジャズに傾倒し始めるとバンドを再編成し「アイビー・ファイブ」を結成した。

ちなみにミッキーは落語にものめり込んだ。1959年12月に開催された第8回がミッキー・カーチスにとって最後のウエスタン・カーニバル出演となった。ミッキーは「どうしても歌いたくない」と美佐に伝えると「なんでもいいからステージに出てちょうだい」と言われ、落語を披露している。このとき、客席にいたのが柳家小ゑん、のちの立川談志である。落語は寄席でやるものという常識を打ち破ったそのステージに感銘を受けた談志は「立川流を立ち上げたときにホール落語に切り換えた」[※3]という。ミッキーは後年、談志に弟子入り。「ミッキー亭カーチス」として立川流のB（有名人）コースの真打ちに昇進した。その披露公演は、日劇跡地に建った有楽町マリオンの朝日ホールで行われたのだ。

「これからは演技力も必要になるわよ」

そう美佐に言われ、ミッキーが「そりゃそうだ。ロカビリーだけじゃ先が知れてる[※20]」と賛同し始まったのが「なんじゃもん座」だ。1958年9月に産経ホールで初公演。ミッキーを座長に水原弘、井上ひろしなどのロカビリー歌手を揃え、スイング・ウエストやパラダイス・キングといったバンドも出演したバラエティショー。第一部がマゲ物コメディで、第二部がショー。構成と演出はやはり山本紫朗が担当した。

さらにミッキーは、岡本喜八の監督デビュー作『結婚のすべて』で映画デビュー。この映画では演奏シーンがメインだったものの主演の雪村いづみとのセリフのやりとりもあり、岡本から「役者をやらないか」と誘われた。結果その後、『若い娘たち』『暗黒街の顔役』など十数本の岡本監督作品に出演することになった。

ロカビリー＝不良・有害のイメージによってテレビから締め出されていたロカビリアンがテレビに出るきっかけを作ったのは、彼らのような演技もできるロカビリアンだった。役者としてまずテレビ出演を果たしていったのだ。こうしてミッキーは渡辺プロが誇るマルチタレントとなっていくのだ。

ロカビリーマダム

日劇ウエスタン・カーニバルで人生が変わったのは出演者たちだけではない。

カーニバルをプロデュースした渡邊美佐は、「ロカビリーマダム」あるいは「マダム・ロカビリー」などと祭り上げられ、時代のヒロインとなった。若い女性たちの羨望の対象となった、いわばもうひとりの時代の申し子だった。

当時の彼女の様子をリポートした記事にこんな記述がある。

毎日楽屋口に陣取っていれば、女学生たちならずとも、〝マダム・ロカビリー〟がだれであるか、くらいはすぐ判る。

ファンに囲まれた〝平尾さん〟も〝敬ちゃん〟も、〝マダム・ロカビリー〟をみると、照れたような笑いを浮べて、彼女のあとについて行ってしまうからだ。その甘えたような目が、楽屋口のファンたちを、時にはセン望にたえがたくさせ、時には激しいわけの判らぬシットにおとしいれてしまうのである。※38

美佐は、こうした状況に「面はゆい」などと戸惑い、まるで不良少女の製造者のような扱いをされてカッと頭にきたと振り返っている。「第一、語感にたまらぬ不潔感があった。いかにも軽佻浮薄、そのくせ妙にこざかしい、ぬらぬらしたいやらしさを『マダム』の言葉から受け取った」※2という。それでも、ロカビリーが音楽じゃない、非行を生み出すなどと批判されれば、ロカビリーの旗手として矢面に立って反論した。

「ロカビリーが音楽じゃない、って言うのなら、それじゃ音楽って、いったい何なんですか。人間の魂をゆり動かすものが音楽だと私は信じています」

「どうして、ロカビリーが子どもたちを非行化するって言えるんですか。むしろ、その見方は逆じゃないですか。彼らは心の中に満たされない何かを持っている。ところが、世の大人どもは、それが何であるかを知ろうともしない。それどころか欲求不満を持つことすらを罪悪視する。これでは、ますます、火に油を注ぐようなものよ。ロカビリーが、この欲求不満を解決する場を与えた、とまではいわないが、少なくとも、そうした現実がロカビリーによって明るみに出たことは確かだと思うの」[※2]

渡邊美佐は、おそらく戦後初めて、ショービジネスの裏方として脚光を浴び、スターになったのだ。

第3部　テレビと和製ポップス

7章　火種

生みの親と育ての親

1959年夏、東宝映画『檻の中の野郎たち』が封切られた。これはロカビリアンたちが総出演した青春喜劇。関沢新一の脚本を川崎徹広が監督。製作は日劇ウエスタン・カーニバル演出の山本紫朗。渡辺プロが映画製作に携わった初期の作品のひとつだ。「ヒカリ少年矯正院」を舞台に繰り広げられるドタバタコメディで、坂本九や寺本圭一、水原弘、ジェリー藤尾、井上ひろし、かまやつひろし、そして田邊昭知まで出演。渡辺プロに加入したばかりのザ・ピーナッツや山下敬二郎の父・柳家金語楼らも出演している。主演には「三人男」のミッキー・カーチス、山下敬二郎と並び、「三人ひろし」の一角・守屋浩が入った。

この映画の主演に守屋浩を抜擢させたのは、もちろん堀威夫だった。守屋の本名は守屋邦彦。スイング・ウエストのバンドボーイをしていた。

スウィング・ウエストをつくったときに、まだあいつは高校生だったんです。守屋邦彦はもともとウエスタンが好きで、しょっちゅう見に来ていたらしいんだね。僕のところに来て、バンドボーイにしてくれって。メンバーたちに給料を払えるかどうかも分からないのに、バンドボーイなんて無理だと。いや、無給でいいんだって最初は無給でやっていましたよ。（堀威夫）

第1回ウエスタン・カーニバルでは直前にけが人を出し、充分な力が発揮できなかったスイング・ウエストは第2回に捲土重来を期していた。だが、リードボーカルの寺本圭一が、再三留年していた青山学院大学の卒業を目指すという名目で脱退。後釜のボーカルに頭を悩ませていた堀は、守屋を抜擢した。

「昭坊、あのボーヤを歌い手にする」って堀さんが言うから「えー、本当なの？」っ

て俺は言ったんだ（笑）。そうしたら物の見事に売れたからね。すごいもんだよ。（田邊昭知）

折しもウエスタン・カーニバルには水原弘と井上ひろしという人気ボーカリストがいた。そこで堀は妙案を思いつく。同じ「ひろし」という名にして売り出そうと考えたのだ。

守屋はまだ一曲もレコードを出していないんだけど、守屋浩にして「三人ひろし」にしようと山本紫朗さんに相談したんですよ。だから第2回の日劇ウエスタン・カーニバルで3人のコーナーをやっているんです。名付け親を山本紫朗にして「三人ひろし」をでっち上げて。（堀威夫）

さらに堀は手を緩めることなく守屋の売り出しに尽力した。そのひとつが『檻の中の野郎たち』だったのだ。

しかし、『檻の中の野郎たち』の主演に守屋を入れたことに美佐が不満を漏らしていることを耳にした堀は、「冗談じゃない！」と激昂した。

「もともと日劇ウエスタン・カーニバルは僕や草野さんの企画だ。そこから派生した映画にひとりくらい僕が手塩にかけた新人が出て何の文句があるんだ！」

堀と美佐の間に大きな亀裂が入った。

僕は楽屋を仕切っていたから、ほとんど実績がない守屋を無理やり『檻の中の野郎たち』の主役に入れるわけだね。そのときに美佐さんは、『檻の中の野郎たち』に自分が推薦するやつを入れ込みたかった。会議での発言やなんかが僕のところにも入ってくるんだけど、守屋浩が入っちゃったことに対して不満を漏らしていた。それで僕と揉めるんですよ。じゃあ、別れようということになった。

最初の頃は座組はほとんど僕がやっていた。のんちゃん（信子）が幾らか知ってたくらいで美佐さんは何も知らなかったからね。美佐さんは東宝との折衝とかの役回りだった。当初は〝楽屋側〟は僕、〝表側〟は美佐さんというような感じだったんだよ。でも、何回もやっていればだんだん分かってくるし、世の中で「マダム・ロカビリー」と言われて、マスコミの格好の材料になった。何となくそこで彼女は力を持ってしまったんです。だから言ってしまえば、出し物としては「生みの親」と「育ての親」のケンカみたいなもんだな。こっちも若くて、血の気が多いから。だからウエスタン・カーニバルの6回目以降、僕らが出ないというのは、そういうことなんですよ。

（堀威夫）

マスコミからは脚光を浴び、ロカビリーを掌握しているように見えた渡邊美佐だったが、実質的にイベントを仕切っていたのは、バンド仲間から信頼を寄せられていた堀威夫のほうだった。だからこそ、堀の力で実績のない守屋を重用することができた。

一方で、渡邊美佐の力も強まっていく。時代のヒロインとして花形になったばかりではなく、主要ロカビリアンたちと契約を交わし、彼らを渡辺プロの傘下に置くことができたからだ。そうなると、いくら堀が兄貴分として慕われていても、渡辺プロの意向に従うほかない。事実、堀が渡辺プロと袂を分かち、1959年1月に行われた第5回を最後にウエスタン・カーニバルから撤退しても、他のバンドたちは当然、そのままウエスタン・カーニバルに出続けることになった。当然、世間の目はウエスタン・カーニバルに残ったバンドに集中する。どれだけ質的に自分たちのほうが優れていると思っていても、その集団の力には歯が立たないということを堀は痛感した。

「いいバンドを一つつくり上げていけばいい」

そういう考えでは、この芸能界で生き残ることができない。質と量、両方がある程度揃って初めて「力」となる。※8 そのことを堀は学んだのだ。

「美佐にもよく注意しておくから」※23

渡邊晋からはそう強く慰留されたが、堀威夫とスイング・ウエストは、こうして渡辺プロから独立した。

ちなみに映画の主題歌は、少年鑑別所で自然発生的に生まれた「ネリカン・ブルース」をアレンジし「檻の中の野郎たち」と改題したものを守屋浩が歌った。これは発売当日に5万枚が即日完売になる大ヒットの兆しを見せていたが、歌詞の内容が、ロカビリーに眉をひそめる良識派の格好の餌食となり、社会問題になった結果、発売中止の憂き目にあってしまう。が、その直後、「浜口庫之助の曲を守屋に歌わせたら」という日本コロムビアのディレクター・長田幸治の企画が舞い込んだ。

「アフロ・クバーノ」のバンドリーダーとしては既に名が知られていたが、作曲家としてはまだ駆け出しだった「ハマクラ」こと浜口庫之助。のちに「バラが咲いた」「人生いろいろ」など数多くのヒット曲を世に出すが当時はまだヒット曲がなかった。浜口は中野の自宅で堀と打ち合わせをした後、下駄を履いて駅まで送ってくれた。

「今度こういう曲ができたんだ」

それが「僕は泣いちっち」だった。[※42] 守屋がそれを歌うとこれが大ヒット。こうして守屋もまた、他の多くのロカビリアンがそうだったように、歌謡曲路線へと活躍の場を拡げ、ヒットを飛ばしていくことになるのだ。

「僕は泣いちっち」って勘弁してよって正直思ったね（笑）。まだ「泣いちっち」はいいほうだけど、「有難や節」っていうのがあった。あの曲になると伴奏するのに暗くなっちゃうんだよ（笑）。（田邊昭知）

東洋企画

「けしからん！　わしが頼んでいるのになぜ出さんのか！」

ジャズ喫茶「銀座ＡＣＢ」のオーナー・谷富次郎は憤慨していた。ロカビリーブームが高まるにつれて、それまでＡＣＢに出演していたバンドたちがなかなか出演してくれなくなったのだ。それもそのはず、ジャズ喫茶はＡＣＢ以外にもたくさんある。テレビやコンサートにも引っ張りだこ。谷の思い通りにオファーを受けられるはずはなかった。だが、谷の怒りの矛先は、そんなロカビリーバンドを多く抱える渡辺プロの渡邊美佐に向かった。

もともと谷は、よく渡邊家を訪れ、一緒に麻雀に興じるなど仲が良かったが、美佐との関係に修復不可能なほどの溝ができてしまった。

料亭からジャズ喫茶を立ち上げた谷は芸能界のことはよくわからない。「しきたりとか、タレントの貸し借りとか。谷の頭の中には、とにかく銀座ＡＣＢのことばっかりだった」と妻の和子は振り返っている[※34]。

この頃、谷が絶大な信頼を寄せていたのが堀威夫だった。渡辺プロと袂を分かったことで堀にとっても銀座ＡＣＢのステージは貴重な収入源だった。谷からしてみれば、芸能界のことをよくわかっている上、絶大な人気も誇り集客力もある堀は相談相手としても出演者としても貴重な存在だった。いわば「ウィン・ウィン」の関係だったのだ。

しかも渡辺プロという〝共通の敵〟がいる。ふたりが手を組むのは、ごく自然な流れだった。

そして1960年、渡辺プロに対抗するプロダクション「東洋企画株式会社」を設立した。

設立資金は堀側が捻出し、谷が所有していた西銀座のビルの一室が事務所となった。社長には堀自身が推挙されたが、まだ20代の半ば、しかも現役のプレイヤーでもあった堀は、「社長」となるのは照れくさい。そこで名目上は、谷に社長となってもらうことで話がついた。だが、実質的に会社を指揮するのは堀の役割だった。

引退

ちょうどこの頃、もうひとり窮地に立たされていた人物がいる。ウエスタン・キャラバンのリーダーである相澤秀禎である。

山下敬二郎というスターを得て、ウエスタン・キャラバンは引く手あまたの人気バンドとなった。それは山下のスター性はもちろんのことだが、リーダーでありプレイング・マネージャーの相澤の手腕によるところも大きかった。山下の長い脚を強調するためにピッタリとしたズボンを穿かせるなどファッション面からプロデュースを徹底し、芸能誌には父親の柳家金語楼とセットで売り込んだ。デビュー曲で大ヒットを記録する

「ダイアナ」も、実は平尾昌晃が歌うという情報も入ってきていたが強気で先行したことで抜きん出ることができた。

「新しい人間を、どう育て、どう売っていくか」

そんな醍醐味を相澤は感じていた。ウエスタンバンドの頂点に立った気がしていた。[※25]

だが、それは長くは続かなかった。

山下がマナセプロダクションから渡辺プロに移籍したのだ。これによりバンドは崩壊した。

「ちょっと待ってよ。どうしたって言うんだ」

相澤以外の4人が辞めると言いだしてしまった。つまり、相澤抜きで新しいバンドをすると言うのだ。そうか、自分に至らないところがあったんだ、驕《おご》りの中にいたんだ。

そう思った。そして相澤は思わぬ決意をする。

「俺は、マネージャーになる。もう一度、新しい山下敬二郎を探す。俺ならできる[※25]」

相澤は1959年12月31日、宝物のようなスティールギターを売り払い、29歳で現役を引退したのだ。

こうして相澤は盟友・堀が立ち上げた東洋企画にマネージャーとして参加。相澤は守屋浩を担当することになった。
マネージャーになって、僕のアシスタントをずっとやっていたんですよ。とにかくよく働いた。マネージャーとしては最高。ともかく車の運転から何から。守屋浩の全盛時代は、あいつが運転して現場のマネジメントをやっている。スケジュールがタイトだから、間に合わないと歩道を走っちゃうんだ（笑）。猛烈なスケジュールをこなした後、夜に僕のところへ報告に来ながら一緒に酒飲んだり飯食ったりしていたんだから、すごいタフだよね。（堀威夫）
全盛期の守屋浩は俺の親が経営している渋谷の旅館に4～5か月いたわけよ。相ちゃんが朝イチで「おはようー！」とかって守屋のところに来るんだけど、なかなか守屋は起きないわけ。そうすると掛け布団を引っ剝がしてでも連れて行っちゃうとかね（笑）、そういう現場マネージャー。優秀だったよ。（田邊昭知）
その後、堀と相澤は、のちにアニメソング歌手として大成する、ささきいさおや大阪の「リズム・ワゴン・ボーイズ」に所属していた佐川満男、ディック・ミネの三男・三根ヨシオらを次々とスカウト。〝打倒・渡辺プロ〟を旗印に東洋企画の陣容を拡大させていった。守屋浩が歌手として独り立ちすると、スイング・ウエストのボーカルには佐川満男を据えた。

ちょうどその頃、「恋の片道切符」などを大ヒットさせていたニール・セダカがビクターの招聘で来日した。その担当者がオールスターズ・ワゴン脱退後、ビクターに入社していた鳥尾敬孝だった。堀が旧知の鳥尾にスイング・ウエストとの共演案を持ち込むと、鳥尾は二つ返事で快諾。しかも人気の守屋ではなく佐川がボーカルで構わないという。ニール自身の作曲による「二人の並木径」で佐川はレコードデビューも果たし、大きな知名度を得ることに成功した。

守屋浩とスイング・ウエストの二枚看板が揃い、佐川、ささき、三根の3人を「ひまわり三人組」として売り出した。いよいよ東洋企画も戦える布陣が揃ってきた。折しも、堀の長男・一貫が誕生。ちなみに、その誕生日は奇《く》しくもエルヴィス・プレスリーと同じ1月8日だった。

プレイヤーとしてはここが潮時。これからは裏方に専念しようと、堀は現役引退を決意した。

1960年4月、両国の日大講堂で行われた「さよならニール・セダカ」の公演。ここで「今日をもって堀威夫はステージを降りる」と発表され、スティールギターの大森俊雄にリーダーの座を譲った。嵐のような拍手が巻き起こると、表舞台から去る覚悟はとっくにできていたはずだったが、鳴り止まない拍手でスポットライトに照らされた堀は、涙をこらえることができなかった。

クーデター

「昭坊、俺は今、泰明小学校の前にいるんだけどさ、東洋企画が俺を入れないんだよ」

1960年秋のある日。世田谷代田の自宅にいた田邊昭知の元に堀威夫から電話がかかってきたのは夕方4時頃のことだった。

「え、どういうこと?」

「分かんねえんだよ。何だか知んねえけど、入ってくれるなと言われているからどうしようかと思っているんだよ。どこかで暇つぶしてっから出て来れる?」

堀の言っていることが田邊にはよく理解できなかったが、とりあえず堀の元に向かった。

堀さんは突然解雇だったから。忘れもしない夕方4時かそこらぐらいに、堀さんがゴルフか何かの用の帰りで。東洋企画は泰明小学校の前の路地を入っていったところの2階に事務所があったのよ。そこから電話がかかってきた。泰明小学校の前じゃしょうがねえから、帝国ホテルのロビーだか建物の外かなんかで会ったんだ。(田邊昭知)

実質的なオーナーは「専務」という肩書きの堀が担っていたが、名目上、東洋企画の社長は谷富次郎だった。だから法的には谷の会社。堀は会社から締め出され解雇。それどころか、登記から開業まですべて自分が捻出した資金で行ったにもかかわらず、事務所はもちろん、その備品から社用車、銀行預金に至るまで会社名義のものはすべて谷のもとに渡り、返還を要求することすらできなかった。社長の谷による〝クーデター〟だった。「足」だけは確保しなければと思った堀がちょうど定期検査に出していた修理屋に連絡すると、既に車は相澤が持って帰っていた。盟友の相澤なら話が通じるはずだ。

堀がすぐに連絡を取ると、まさかの答えが返ってきた。

「会社の車だからそちらに渡すことはできない[※23]」

このクーデターには〝伏線〟があった。

それは守屋浩が島倉千代子と組んで行った１９６０年７月の歌舞伎座公演だった。歌舞伎座といえば日本を代表する劇場。その公演を成功させれば間違いなく守屋の「格」は上がる。またとないチャンスだった。公演期間は１か月。だが、これに谷は難色を示した。この頃、ＡＣＢは東洋企画のタレントに依存していた。谷からしてみれば、そのために東洋企画を立ち上げたのだから当然だ。中でも守屋が出演する日は群を抜いた売り上げを記録していた。その守屋を１か月も失うわけにはいかなかった。

「何とか１日でも出演できるようにならないか」

谷は堀に頼み込んだが、歌舞伎座に代役を立てるわけにはいかない。

「ＡＣＢと歌舞伎座、どっちが大事なんだ！」

谷が激昂しても、堀からすれば歌舞伎座に決まっていた。ＡＣＢのことで頭がいっぱいの谷から歌舞伎座以上のギャラを出すと言われても応じられなかった。

「銭金《ぜにかね》の問題じゃないんです。格の問題なんですから……」

堀がそう説得しても「芸能界」に疎《うと》い谷には理解できなかった。

谷富次郎は銭金のことだけだから、歌舞伎座が終わってからでもいいから出てくれと。僕はお金じゃなくてステータスを上げるということだから、水と油なわけです。ステータスを上げるために歌舞伎座公演をやっているのに、同じ銀座で歩いても行けるようなところに幕がはねてから出たんじゃゃ、せっかく一格上げようというのが上がらないじゃないですか。

スケジュールは全部僕が握っているから、それに対していたく腹が立ったんだろうね、谷さんは。（堀威夫）

結果、堀は歌舞伎座公演を強行。公演は大成功を収め、守屋の名声は高まり、それに伴い大きな収益が東洋企画には舞い込んだ。

だが、それが谷の逆鱗に触れた。谷は堀の気づかぬうちに社員や所属タレントの懐柔を始める。

堀威夫が悪意じゃなく一生懸命やればやるほど、谷は自分のパトロンとしての意思だけじゃなくて、実務に触れないというところに不満があったんですよ。ＡＣＢにはエミコさんというマネージャーがいたんだけど彼女がやり手なんです。「はい、お小遣い」とか言って金を渡して、「ああ、どうも。エミコさん、ありがとうございます」とタレントたちと仲良くなっていっていく。「自分たちが、あんたたちを売るから心配ないのよ」とかって言っているけど、俺なんかは「あんたに何ができるんだよ」って思ってた。（田邊昭知）

この「エミコ」というのは通称で、本名は近藤益子。谷の妻・和子の実妹だった。谷は佐川満男やささきいさおに対しては親から籠絡した。

佐川とかささきいさおは、まだ10代でド素人の時から自分が育てたっていう自負があるから、黙っててもこっちについてくると思ったら、後ろを見たら誰もついてこなかった。後から聞いたら、親のところへ谷一派が付け届けして、裏切るように、自分たちの手の内に入れるようにしてた。こっちは若気の至りで思い上がっているからそ

んなこととは思ってもみなかった。（堀威夫）

結局、佐川やささきを始めとするタレントやスタッフも多くが東洋企画に残留。その中には盟友の相澤秀禎もいた。さらにスイング・ウエストも残り、堀がいた「専務」の座には、堀からリーダーを譲られた大森俊雄がついた。

堀と田邊の船出

仲間たちの裏切りに堀は打ちひしがれた。けれど、ほのかな希望はあった。東洋企画最大のスターである守屋浩は堀についてきてくれたのだ。さらに、大きな精神的な拠り所になったのは、田邊昭知だった。彼もまたスイング・ウエストを飛び出す形で堀の元に駆けつけた。

あっちは信用できなかったから。俺は堀威夫に「おまえ、太鼓たたけ」って言われてすべてが始まったわけだから、やっぱりそれはもうしょうがないよね。ずっとその関係性は変わらない。今でもね。（田邊昭知）

兄弟のようなふたりの強い絆は簡単に切れるはずもなかった。田邊の参加は堀を大いに勇気づけた。

田邊は男気がありすぎるタイプなんだね。全部俺が育てたやつだと思っていたのが、後ろを向いたらついてこないのがほとんどだった。だけど田邊は、次の日から辞めてついてきちゃった。歌い手ならひとりで仕事ができるけど、太鼓だけじゃどうしようもないのに。それでザ・スパイダースというグループをつくることになったんだけどね。（堀威夫）

電話のある守屋のアパートに集まった堀と田邊はプロダクション設立に向け、急ピッチで準備を始めた。約2週間、守屋のアパートが事務所代わりとなった。この3人に経理担当と総務担当を加えた5人が発起人になり、堀プロダクション（現・ホリプロ）を設立。1960年秋の終わり頃のことだ。

初期の所属タレントは守屋浩、かまやつひろし、斎藤チヤ子、ポール聖名子、北村英治クインテット、チャーリー脇野とゲイ・ポップス・オーケストラ、田邊昭知とザ・スパイダース。安定した収入があるのは守屋のみ。守屋のほうに事務所がバンス（借金）するという始末。まだ堺正章はもちろん、田邊以外のメンバーが定まっていなかったスパイダースは渡辺プロ仕切りのジャズ喫茶やＡＣＢにも出演できない。あまりにも心もとない船出だった。

サンダーバード

一方、ロカビリーブームにより渡辺プロの基盤は盤石なものになった。

だが、その内実は一枚岩というわけにはいかなかった。もともとはジャズの事務所。ジャズ派とロカビリー派との間に微妙な対立が生まれていった。

１９５８年２月末、第１回ウエスタン・カーニバルの成功を見届けた後、専務だった山田通男が退社した。山田といえば渡辺プロ立ち上げの際、晋が真っ先に相談をした親友だ。設立以来、晋の右腕として渡辺プロを支えてきた。だが、山田がやりたいのはやはり「ジャズ」だった。晋は山田の強い意志と純粋な思いを汲み、円満に退社させた。

山田は「山田プロダクション」を設立。渡辺プロから笈田敏夫やジョージ川口らが、山田プロに移籍した。

「王国」を築きつつあった渡辺プロには1959年、10名もの〝即戦力〟が入社した。ひとりは早稲田大学時代からの晋の親友で、入社後、総務担当として辣腕を振るうことになる河合総一郎、ひとりは灰田勝彦のマネージャーをやっていた吉澤武夫、そしてサンズ・オブ・ドリフターズのリーダーを桜井輝夫に譲り脱退した岸部清らだ。岸部はマネージャーとして入社した。59年頃になると渡辺プロは、できたばかりの新宿ACBを始め、都内10か所のジャズ喫茶に昼夜2本ずつ、月間600本ものタレントを供給するまでになっていた。そのスケジュールを組むのが岸部の仕事だった。

そんな岸部は1961年、晋と対等に出資する形で「第一プロダクション」を設立し独立した。

こうしてプロダクションが増えていくと、決まって起こるのは〝引き抜き〟などの独立・移籍トラブルだ。

それを象徴する人物が山下敬二郎だろう。

先に触れたように、山下敬二郎は元々は岸部清がリーダーを務めるサンズ・オブ・ドリフターズにいた。それを曲直瀬信子と相澤秀禎がウエスタン・キャラバンに移籍させ、マナセプロダクションに入った。だが、第1回ウエスタン・カーニバルを契機に人気が過熱すると、わずか半年で渡辺プロに移籍した。山下からするとマナセプロダクションは「育てるためには、天下一品の事務所だったが、極端に束縛を嫌うオレには窮屈すぎた。何から何まで管理されていた」[※40]ということらしい。山下は事あるごとに事務所に対する不平不満を漏らしていた。そこに現れたのが渡辺プロだった。山下には渡辺プロが開放的な事務所に見えた。山下は付き人の井澤健とともに渡辺プロに移籍した。この移籍劇が結果的に相澤秀禎のマネージャー転身につながるのは前述のとおりだ。

ちなみに坂本九は山下が抜けた後にロカビリーの歌い手としてサンズ・オブ・ドリフターズに加入し、山下がマナセプロダクションから抜けた後に、彼に代わるロカビリー歌手ということでマナセプロダクションにスカウトされたという奇妙な縁がある。まだ10代で学生だった曲直瀬道枝は、そんな移籍劇を間近で見て芸能プロダクションの仕事が心底嫌になったという。

両親はもちろん彼が移籍したことに関して、ちょっとムッとはしていました。でも、私が一番ムッとしたかもしれない（笑）。傍らで見てましたからね。晋さんは、結構無理をして会社を始めたから、当初はしょっちゅううちに借金しに来ていたんですよ。あれだけ世話になっているのに、そんなことするのかなって私はすごく憤っていた。でも、引き抜いたというよりは個々人の問題だったそうで。うちの父たちがそこまで怒ってなかったのはそういうことかって後からわかったんですけど。少し前までは、「テレビに出る人はほとんどマナセプロです」と言われてましたけど、すぐに「ほとんど渡辺プロです」になった（笑）。

そういうのを見てると、私は本当に嫌な仕事だって思ってました。親たちがどうだったかというよりも、私がすごい潔癖な年頃で、何でこんなに世話になったのにこういうことをやるんだろうとか、育ててはいい調子になると皆辞めていっちゃうとか。水原弘が辞め、森山加代子も辞め、渡辺友子も辞め、ジェリー藤尾も辞め……。見れば見るほど嫌な仕事だなって（笑）。（曲直瀬道枝）

山下敬二郎の移籍騒動はこれにとどまらなかった。

山下は日本に16台しかないという車「サンダーバード1956年式」を買いたいと言い出したのだ。有頂天になっていた山下は、金を用意する前に契約を交わし、現物の車まで手にしてしまった。

「敬ちゃん、どうしたんだ、そのクルマは?」

車を乗り付けた山下に晋は尋ねた。

「買ったんです。あまりに格好良かったから」

お金はどうしたのか、と心配する晋に山下は悪びれる様子もなく言った。

「それはまた事務所から借りようと思って[※40]」

晋は呆れ返った。「ダメだ」と晋が断ると「じゃあ、いいよ」と山下はふてくされ、「一緒に行こうぜ」と井澤に声をかけ晋の家を出ていった。だが、井澤は度重なる山下のわがままに愛想を尽かしたのだろう。

「私は残ります」

キッパリと言い放った。ずっと朝から晩まで山下と一緒だった。時に横暴に振る舞われ、時に理不尽な目にあっても、そのステージに魅了され惚れ込んだのだ。どこまでもついていくつもりだった。けれど、山下にはそんな井澤の思いが通じていなかった。一方、渡邊晋は、渡辺プロにはマネージャーも付き人もいらないという。社員みんながプロデューサーだと言ってくれたのだ[※19]。井澤は、山下よりも自分たちを尊重してくれる渡邊晋についていきたいと思うようになっていた。

晋にも井澤にも頼れなくなり困り果てていた山下の前に現れたのが東洋企画の谷だった。谷は東洋企画への移籍を条件にサンダーバードの金を肩代わりしてくれるという。恩人をまた裏切ることになってしまう。山下は迷ったが、この車を手放したくないという思いが勝ってしまった。こうして山下は東洋企画に移籍するのだ。

「敬ちゃん、世間ってものは、そんなに甘くはないよ。まっ、せいぜい心して渡っていくことだな[※40]」

晋は呆れ果てて、諭すように言った。

山下の人気はロカビリーブームが下火になっていくとともに急降下。不遇の時代を迎える。やがて、事務所を移籍してまで手に入れたサンダーバードも手放すしかなくなってしまうのだった。

8章　テレビ時代の到来

テレビの始まり

実は僕、NHKのテレビの試験放送に出ているんですね。井原さんがまだリーダーだった頃のワゴン・マスターズで。砧にあったんですよ、何か研究所みたいなところがね。試験放送で演奏したんです。受像機を持ってないんだから、誰も見ているわけないんだけど（笑）。（堀威夫）

堀がいう研究所とは、今も世田谷の砧にあるNHK放送技術研究所のことだろう。ここでテレビの研究が始まったのは1931年。敗戦後、GHQによりテレビ研究が一時禁止されるが、翌年には再開され、1950年に電波法・放送法・電波監理委員会設置法のいわゆる「電波3法」が施行。いよいよテレビ放送開始の下地が整った。

そして1953年2月1日午後2時、NHKがテレビ放映を開始した。この時点でのテレビ契約数はわずか866。銀座に置かれた街頭テレビには数百人が群がった。同じ年の8月28日午前11時20分、民間テレビ局第一号として日本テレビが放送を開始。これにより日本初のテレビコマーシャルが流されることになる。その栄えある第一歩は、服部時計店（セイコー）のものだったが、フィルムが裏返しにかけられ3秒足らずで中止されてしまうという〝放送事故〟からの始まりだった。[※43]

NHKの『私の秘密』や『ジェスチャー』などの人気番組は生まれるが、まだこの頃はラジオや日本映画が全盛。テレビは「電気紙芝居」などと揶揄され一段も二段も下に見られていた。1956年には大宅壮一が『週刊東京』のコラムで「テレビ番組は低俗なものばかりで、これでは一億総白痴化である」と書き、この「一億総白痴化」はテレビをくさす常套句となっていった。だが、裏を返せばこうした知識人が無視できない存在にテレビがなりつつあるということの証明でもあった。

ちょうど日劇ウエスタン・カーニバルが始まった1958年には、電波塔である東京タワーが竣工。NHKラジオ受信契約数が1481万台をピークに横這いから下降線の傾向になっていっているのに対し、8年目のテレビ契約世帯は150万を超え、急速な上昇傾向にあった。この年、プロ野球では読売ジャイアンツに長嶋茂雄が入団、4打席4三振という強烈なインパクトでデビューすると、またたく間にスターになっていく。プロレスでは国民的英雄・力道山が躍動し、相撲では栃若時代が始まった。同じ頃、「ミッチーブーム」が巻き起こる。民間から皇族に嫁ぐことになった美智子妃は注目の的となり、翌1959年4月の皇太子結婚パレードが、テレビ普及の決定的なブレイクスルーとなった。どうせ買うなら、この日に間に合うようにとテレビを買い求め、受信契約が200万台を突破。この年をもってテレビが「普及」したと言われている。

1955年のラジオ東京テレビ（現・TBS）に続き、東京で4番目の局としてフジテレビが放送開始したのもこの1959年だった。

フジテレビに集まった才能

まだホリプロはおろか、東洋企画も立ち上げていなかった堀だが、スイング・ウエストのプレイング・マネージャーとして新人ボーカリストの守屋浩の売り出しに躍起になっていた。そんな堀のターゲットのひとつが開局準備で大わらわだったフジテレビだ。開局と同時にスタートする目玉ドラマ『陽のあたる坂道』の主役のひとりを探しているという情報を得た堀は、日本コロムビアの長田の協力を得て猛烈なセールスを行い、見事、守屋浩の出演を勝ち取ったのだ。フジテレビの開局が3月1日。そのわずか8日後の3月9日から8月31日まで全26回の連続ドラマだった。石坂洋次郎の小説が原作で演出を担当したのは岡田太郎（1930年生まれ。ドラマ『日日の背信』などを演出し「昼メロ」路線を生んだ。73年、吉永小百合と結婚）。彼の演出デビュー作となった。

岡田太郎のような若い才能がテレビには集まり始めていた。

そのひとりがのちに数々のヒット曲を作曲し、『ドラゴンクエスト』などのゲーム音楽でも名を馳せるすぎやまこういち（椙山浩一）だ。

「もうすぐ開局するフジテレビに行きたい人？」

東京大学を卒業後、当時、文化放送の芸能部長だった音楽評論家の有坂愛彦に気に入られ同社に入社していたすぎやまは、フジテレビ開局を1年後に控えた1958年、そう上司に問われ真っ先に手を挙げた。フジテレビは当初、文化放送とニッポン放送を主体とし、東宝、松竹、大映の映画会社各社が参加し設立されたのだ。

家族で合唱を楽しむほど音楽好きの両親に育てられたすぎやまは、子供の頃から玩具を買ってもらうよりもレコードを買ってもらうほうが嬉しいというほどの音楽好きに成長した。戦後の物資不足の中、父が物々交換で手に入れたのはクラシックのレコードとそのオーケストラのスコア。学生時代から作曲の依頼が舞い込み、子供のためのバレエ「迷子の青虫さん」を作曲したほど早熟だった。家にピアノがなく練習ができなかったため音大進学を断念し、東大に進学。ポップスに初めて触れたのは大学に行ってから。グレン・ミラーによるジャズの名曲「真珠の首飾り」を聴き、「これは面白い！」と思った[※44]。

ずっと生の音楽に接したいと思っていたすぎやまは、ラジオで流す音楽はそのうち全部レコードになるだろうと予見し、「生の音楽はテレビでしかやれないようになる」と確信していた[※6]。だから、まだまだその将来は未知数だったもののテレビの世界に行きたいと思ったのだ。

ちょうどその頃、すぎやまはコマ劇場で渡辺プロ所属の「ハナ肇とクレイジーキャッツ」を目にした。

元々は「キューバン・キャッツ」の名で進駐軍キャンプ回りをしていたが、コミカル

な演奏をアメリカ兵から「ユー、クレイジー」と言われたことから「クレイジー」と改名したというのが〝定説〟だ。※45

ハナ肇が渡辺プロから30万円を借りてコミックバンドを作ったという噂を聞いた植木等は、同僚の谷啓に「おまえ、行かないか」と声をかけた。ふたりは「フランキー堺とシティ・スリッカーズ」のメンバーだった。「冗談音楽の王様」と呼ばれた「スパイク・ジョーンズとザ・シティ・スリッカーズ」の日本版を目指しバンドを結成したフランキーは、トロンボーンの高い演奏技術で「ふざける」以上にエンターテインメントにしていた谷を「原信夫とシャープス&フラッツ」から引き抜いた。だが、日活が映画俳優としてフランキーと専属契約をとりつけ、実質的活動期間はほぼ1年足らずだった。

途方に暮れた谷と植木が目をつけたのがクレイジーキャッツだったのだ。まず谷が1956年に加入。続いて翌年には植木も加入し、ドラム：ハナ肇、ギター：植木等、トロンボーン：谷啓、ベース：犬塚弘、サックス：安田伸、ピアノ：石橋エータローという陣容が固まった。高い音楽性と娯楽性を両立させた「冗談音楽」の血は色濃く受け継がれていた。

これはホンモノだ。

クレイジーキャッツにスターの芽を感じ取ったすぎやまは、すぐに楽屋へ行きマネージャーに話をつけた。そうして生まれた番組が『おとなの漫画』だ。フジテレビ開局翌日の1959年3月2日から約6年間、お昼に毎日（途中から月〜土曜日）生放送された。内容はその日の新聞記事をもとにした時事風刺コント。それを演じたのがクレイジーキャッツだったのだ。ミュージシャンがコントを演じる先駆けである。

脚本を書いていたのは、すぎやまの武蔵中学時代の同級生で親友だった青島幸男。すぎやまと青島とクレイジーキャッツのリーダー・ハナ肇の3人で、その日の朝刊を見てどれをネタにするかを決め、そのまま リハーサルをして本番を迎えるという強行軍だった。局が用意した他の気鋭の作家陣とは肌が合わなかったのか、助っ人になんと他局TBSの局員である砂田実を「青山浩」という偽名で起用したりもした。砂田はすぎやまや青島と同級生で、少年

クレイジーキャッツ。左から谷啓、ハナ肇、犬塚弘、桜井センリ、石橋エータロー、安田伸、植木等（提供：朝日新聞社）

時代、すぎやまは砂田の自宅によく遊びに行っていた。砂田の父は当時、東京で5本の指に入るほどのレコードコレクター。壁一面に広がるレコードにすぎやまは夢中になった。ちなみに前出の岡田太郎[※46]も一時ディレクターとして参加している。

この番組によりクレイジーキャッツがブレイクする下地が整っていったのだ。

ザ・ヒットパレード

「本番5分前!」

スタジオは生放送開始に向け準備を整えている。が、そこで殴り合いのケンカをしている男たちがいた。ディレクターのすぎやまこういちと番組の司会を務めるミッキー・カーチスだ。

「あと3分です!」

時間が押し迫ってもケンカは続く。

「あと1分!」

ようやく他のスタッフになだめられ、ふたりは身支度する間もなくギリギリで定位置についた。

「ヒッパレ〜、ヒッパレ〜♪」

その刹那にお馴染みの番組テーマ曲が流れるのだ。[※3]これは『ザ・ヒットパレード』本番前の一幕。まだ血気盛んな20代同士のふたりは番組を良くするためたびたび議論をぶつけていた。それが口論から殴り合いのケンカに発展することもしばしばだったのだ。

『ザ・ヒットパレード』は、1959年6月に始まり、約11年間続くことになるテレビ草創期を代表する人気番組であるが、この番組の成立は容易なことではなかった。

音楽好きのすぎやまはラジオで人気の音楽ヒットランキング番組をテレビ番組化したいと考えていた。だが、局上層部はこの企画に首を縦に振ることはなかった。

「テレビでは無理だよ。ヒットを出した歌手を揃えるのは不可能だろ。ラジオならレコードをかければいい。けれど、テレビでは画がないとダメなんだ」

すぎやまは「他の歌手に歌わせればいいんです」と食い下がったが上司は「ダメなものはダメ」と引かなかった。制作能力や予算面の問題から実現不可能と判断したのだ。

その突破口を開いたのは、ひとりの男の存在だった。

「番組の中身はうちが全部、提供するよ[※8]」

諦めきれなかったすぎやまが相談に向かったのが『おとなの漫画』でも仕事をともに

した渡辺プロ社長の渡邊晋だった。

すぎやまが「最新のアメリカン・ポップスやジャズを生番組で日本人歌手に日本語で歌わせる」という企画を一通り説明すると、晋は「なるほど、その手があったか」と自身もプロのミュージシャンらしく即賛同し、すぎやまに満額回答以上の言葉をかけたのだ。

なんと出演者はもちろん、番組が軌道に乗るまでは制作費・出演料はタダでいいという破格の条件だった。

「すぎやまさん、ウチのタレントたちのスケジュール表です。お好きなように選んでください[※8]」

渡辺プロのスタッフはすぎやまにタレントたちのスケジュールをつまびらかにし、最大限自由に使わせるほどだった。

唯一の条件が「企画制作・渡辺プロダクション」とクレジットすること。もちろん、これは日本のテレビ界初めてのことだ。一見、人情で利の少ない仕事を請け負ったかと思うがそうではない。日劇ウエスタン・カーニバルの成功を受けて、渡邊晋・美佐夫婦が次に狙いを定めたのが「テレビ」だった。

テレビは歌声だけでなく映像で踊りも全国に届けることができる。ウエスタン・カーニバルでビジュアル面の絶大な威力を実感したふたりは、テレビの将来に大きな可能性を感じていた。だったら〝投資〟する価値はある。

従来のテレビの音楽番組はクラシックか歌謡曲ばかり。アメリカのポップスを日本人が日本語でカヴァーして歌うという発想は革新的だった。毎週、視聴者からのリクエストに基づいて上位10曲を選び、それを渡辺プロを中心とした歌手が歌って踊る。それらの演奏には、現役プレイヤーを引退したばかりの渡邊晋も加わった。それだけ晋はテレビの力に賭けていたのだ。必ずテレビの時代が来るはずだと。

「3か月もちますかねぇ」

局の制作部長からそんな嫌味を言われながら始まったこの番組は、晋の思惑通り、すぐに視聴率20パーセントを超える人気となった。

「ひとつ今後ともよろしくご協力願います」※8

今度は逆にフジテレビの幹部から深々と頭を下げられ、晋は自分の考えが間違っていなかったことを確信した。

毎週レギュラー出演している渡辺プロのタレントたちの人気は上がっていき、新人はこの番組に出て知名度を上げることができた。その上、「渡辺プロ」という名前も売れ、制作費として安定した収益を得ることができた。晋の先見性により「渡辺プロ」はテレビ界において絶大な力を持つことになっていくのだ。

それまでジャズ喫茶のような「ハコ」がスターを作っていた。そんな時代が変わろうとしていた。

もちろん、すぎやまやフジテレビにとってもこの番組は大きな財産となった。

毎週大量に送られてくるリクエストハガキから曲を決め、歌手にあわせてアレンジや訳詞などをつくっていく。すぎやまはそれも担っていた。すぎやまは作曲家・宮川泰にジャズのアレンジを学び、ふたりはザ・ピーナッツによるオリジナル曲「恋のフーガ」などのヒットを生み出していった。ちなみに「ヒッパレ〜♪」という番組テーマ曲もすぎやま自らによるものだ。

宮川はすぎやまと『ザ・ヒットパレード』についてこう評している。

「ポップスを日本の新しい歌謡曲のジャンルに入れてしまったという功績は非常に大きい」[※44]

すぎやまは『ザ・ヒットパレード』を通して「和製ポップス」と呼ばれる音楽ジャンン

ルを生み出していったのだ。

ユー・アー・マイ・サンシャイン

『ザ・ヒットパレード』は渡辺プロにとって、格好の〝社員教育〟の場ともなった。渡辺プロ新卒1期生の工藤英博（制作会社「PDS」代表取締役を経て、全日本テレビ番組製作社連盟「ATP」元理事長、放送人の会幹事）はこう証言する。

いきなり『ザ・ヒットパレード』を担当しろって言われて。火曜日の7時から7時半まで生放送。アメリカで人気になってくる曲があるじゃないですか。それを日本では誰が歌って、誰にアレンジというのも、すぎやまさんに相談はするんだけど、すぎやまさんも忙しいから、学校出たての自分でジャッジしなきゃいけないときもあったんです。もう人がいないから。それはおもしろくて楽しかったですね。飯食う時間も寝る時間も本当に限られていましたけれども。だから美佐さんに後になって「大変でした」って言いましたよ。そしたら「そのかわり工藤さん、ほかの人よりあんたは覚えるのが早かったでしょう」って（笑）。（工藤英博）

渡辺プロは、1961年から大学新卒の新規採用を行った。これは芸能プロダクションとしては初めてのことだ。晋には一般企業に近づけたいという思いがあったのだろう。1960年の秋、各大学には「マネージャー見習、3名募集　渡辺プロダクション」という求人票が回された。

ウエスタン・カーニバルで美佐さんが脚光を浴びた頃でしたから、350人近く来たと思います。社内には、大卒なんか採ったら組合でもつくられたり、こんなしんどい仕事はすぐ逃げ出しちゃうとか反対論があったんですけど、晋さんと番頭格の河合総一郎さんが押し切って、芸能界で初めて試験をやったんです。（工藤英博）

いざ試験をやるにしてもノウハウがない。そこで美佐は東大卒のすぎやまに試験問題を作ってもらおうと考えた。だが、すぎやまも多忙を極めている。そこですぎやまは東大の研究所に依頼し、田中式アチーブメントテストを借りて筆記試験を行った。その上で重視したのは面接試験だ。結果、「3名募集」の当初の予定から「こんなに来てくれ増田峰夫の4人が、ほかに法政大の諸岡義明、日大・芸術学部の滝沢芙司雄だ。

合格決定したら途端に、いきなり実務やなんかに駆り出されましたね。60年の秋ぐらいから。行くと、ここにこれを届けてこい、台本をもらってきてくれとか、いろいろなことを頼まれるんです。今でも覚えていますけど、暮れの『紅白歌合戦』があるじゃないですか。当時は日劇でやってたんですけど、歌手は掛け持ちでやってるんですよ。だから生放送に間に合うように送り届ける。まだ経験がないから、スリリングでしたね（笑）。（工藤英博）

「1期生」のうち前川、増田が営業課に、工藤、滝沢がテレビ、ラジオなど番組制作等に携わる放送課に、諸岡、和久井がマネージャー（翌年「タレント課」に）に配属された。のちにタレント課と放送課は統合され、制作部は、クレイジーキャッツやザ・ピーナッツ、中尾ミエら主にポップスのアーティストが所属する「第一」と、ザ・ドリフターズ、園まり、森進一ら歌謡曲やお笑いの「第二」に分割されていく。

制作部のトップとして豪腕を振るっていたのが松下治夫だ。松下は1957年に渡辺プロに入社。もともとは京都のジャズ喫茶「ベラミ」に在籍しシックス・ジョーズ時代から晋とともに仕事をしていたが、やがて渡辺プロの関西での仕事を仕切るようになった。その腕が買われて上京したのだ。

入社当初のことを回想するのは3期生の阿木武史（現在は小倉智昭らが所属する「オールラウンド」代表取締役社長）だ。

社長は全国に飛び回っているから、社内では松っさんが中心でやってた。だから、最初はこの人が社長だと思ってた（笑）。社長の片腕ですね。社長が旅回りしていてもできていたのは、松っさんが迫力あったからですよ。（阿木武史）

ちなみに3期生の阿木は、64年入社。1年計算が合わないのは、実は1期生採用の翌年は、新採試験を行っていないからだ。果たして大学卒の社員が芸能界という曲者揃いの世界でやっていけるのか、反旗を翻さないか、というのを2年かけて1期生で試していたのだ。いかに手探りだったかが、よくわかる。3期生の試験では応募者がさらに増加し、新宿ACBを借り切って試験が行われた。

僕が試験に何で受かったかといったら、ほかの人が、興味を持っているタレントを植木等とかザ・ピーナッツとか答えているのに、僕はなべおさみって答えたの。ちょうど『シャボン玉ホリデー』でハナ肇の付き人をやっていた、なべおさみを見たんですよ。やたら張り切って面白かったんだよね。そうしたら俺は受かって、新入社員の初日になべおさみが来た。「新入社員の中で阿木さんってどなたですか」「私です」「頑張って将来早く私のマネージャーになってください」（笑）。渡辺晋社長が電話したんだって、なべおさみに。俺はそのことだけで最初から社長にマークされたの、かわいがってもらって。だから新入社員でも、社長が直接呼んだり、口きくのは別格。「ちょっと来い」と言われて「おまえ、どこで何やっている？」って。だから、ずーっと社長にかわいがられっぱなし。（阿木武史）

渡辺プロの社員は常にネクタイを締め、上着を着用していた。それに「W」と「P」を組み合わせた社章をつけている。この時代、そこまで社員の服装を管理している芸能

プロは渡辺プロだけだったという。※19

渡辺プロは厳しかったから。僕は新入社員で4月に入った頃、朝11時出社だったんだね。同じ新入社員で5分遅れたやつがいた。5分しか遅れてないのに、3分後、黒板に「出社に及ばず」って書いてある（笑）。社員研修で、鎌倉の円覚寺に3泊ぐらい行きましたね。坐禅やったり、講習があったり、庭掃除があったり、そこで、ひとつのルールを自覚させて意思を統一させる。ウエスタン・カーニバルも手伝いましたよ。朝5時に日劇集合して、楽屋の掃除をしたり、皆を迎えたりして。そういう下働き。そうやって仕事を覚えていきました。（阿木武史）

阿木は、社員の研修会の様子を目を細めながら述懐する。

渡辺晋社長が俺たちに教育したのは、「本物志向」と言うんだよね。「いいものを作れ」って。良くもないのに、たまたま売れちゃったのを喜ぶなって。それで研修会の最後には社長は言葉ではなく、「俺は1曲歌う」って言って歌うんだよ。「ユー・ア

ー・マイ・サンシャイン♪」って。カッコいいんだよ。（阿木武史）

こうして渡辺プロはタレントのみならず社員の陣容でも盤石な体制を築いていったのだ。

漣健児とカヴァー・ポップス

「『ザ・ヒットパレード』はうちが作った番組ですけど、あの当時、草野さんは、この私よりスタジオへ行っていたんじゃないかしら（笑）[※16]」

渡邊美佐はそう証言している。彼がスタジオに通っていたのは『ミュージック・ライフ』編集長としてではない。訳詞家「漣健児」としてである。

草野昌一には音楽誌の編集者としてだけでなく、もうひとつの顔があった。それが訳詞家としての顔だ。ことの始まりは『ミュージック・ライフ』誌面に「新田宣夫」名義で簡単な訳詞を掲載したことだった。1959年には、自社の新興楽譜出版社からクリスマスソング集を刊行。そこで、あの有名な「赤鼻のトナカイ」の訳詞を書いている。

翌1960年4月、弟の草野浩二が東芝のレコード事業部に入社する。昌一の紹介だった。まだ東芝にはポップス部門がなかったが、後述する水原弘の「黒い花びら」や山下敬二郎を手がけた松田十四郎が先輩にいたため、マナセプロダクションと太いパイプがあった。浩二が入社してまもなく、松田が役職につき現場を離れたため、見習い期間わずか2か月足らずで、レコードを作るように命じられた。右も左もわからない浩二は兄に相談した。そこで昌一が提案したのが、マナセプロダクションに所属していた坂本九だった。

東芝レコードが設立されたのは1955年。電機メーカーの東京芝浦電気の一部門としてのスタートで、当初は海外のクラシックやシャンソンなどのレコードを販売していた。邦楽部門に乗り出し始めたのは1958年の春から。しかし、大きな壁があった。当時、日本では戦前からある、いわゆる「レコード5社」と呼ばれるコロムビア、テイチク、ビクター、キング、ポリドールが絶対的な力を持っていた。その力を支えていたのが「専属作家制度」だった。それぞれの会社が作詞家と作曲家を抱え、彼らが書いた曲を独占的に使い、歌手に歌わせるというシステムだ。

当然、設立したばかりの東芝レコードには専属作家も専属歌手もいない。それどころか、専用の録音スタジオもなかった。邦楽部門を任された松田十四郎は途方に暮れた。

専属陣を築き上げるまでは、ポップスでいくしかない。

肚をくった松田が頼ったのは渡邊晋だった。[※20]もともとビクターにいた松田は、シックス・ジョーズのレコーディングに携わったことがあったのだ。ここで渡辺プロの新人・大江洋一を専属歌手に迎えたことが大きな伏線となっていく。

ちょうどその直後に、第1回日劇ウエスタン・カーニバルが開催された。偶然にも東芝レコードは、日劇に隣接する朝日新聞ビルに事務所を構えていたため、ロカビリーブームに沸く日劇周辺の行列を最初に目撃したのだ。

松田は日劇に潜り込み、その熱狂を全身で浴びた。そして目に飛び込んできたのが山下敬二郎だった。この男の人気を利用すれば、東芝レコードの未来が拓けるに違いない。松田は美佐の紹介を受け、山下を必死に口説いた。だが、これが大問題になる。実は既にコロムビアとビクターが、山下が所属していたマナセプロダクションと交渉を進めていたのだ。所属事務所を通さずに歌手本人に直接交渉するのは、日本の芸能業界の慣習的には御法度。もしこの問題がこじれてしまえば、新興の会社など吹き飛んでしまうだろう。困った松田が頼ったのはやはり晋だった。

晋とともに曲直瀬家を訪れた松田は、平謝りして許しを請うとともに、改めて山下獲得の交渉をした。だが、曲直瀬正雄は既にビクターにOKを出すことを決めていた。それでも粘る松田を見た晋が口を挟んだ。

「こんなに熱心に誘ってくれるのは、タレント冥利につきますよ。それに大会社じゃ新人にどれだけのことをしてくれるか……。新しいタレントと新しい会社の組み合わせも面白いんじゃないですか[※20]」

こうして生まれたのが前述の山下敬二郎による「ダイアナ」だったのだ。欧米のヒット曲に日本語の歌詞をつけて歌うカヴァー・ポップスは専属作曲家のいない東芝にとって鉱脈だった。ロカビリーブームの時代、日本のロカビリアンたちが歌っていたのは、オリジナル曲ではなくアメリカのヒット曲だった。誰よりも早く覚えて、ライバルよりも先に自分の持ち歌として定着させることが重要だった。そのため、当初は英語のまま歌っていたが、自分のために日本語の歌詞をつけてもらうことで自分の持ち歌だと印象づけられるようになったのだ。「ダイアナ」もそうだった。

ルイジアナ・ママ

こうして1960年になると、カヴァー・ポップスの時代が本格的に幕を開ける。大きな原動力になったのが草野昌一・浩二兄弟だった。そのはじまりが1960年10月に発売された坂本九&ダニー飯田とパラダイス・キングの東芝移籍第2弾シングル「ビキニスタイルのお嬢さん」のB面として収録された「ステキなタイミング」だった。このジミー・ジョーンズの「Good Timin'」の訳詞で初めて草野昌一は「漣健児」というペンネームを使用した。「上を向いて歩こう」がその後ヒットするまでの間、坂本九がテレビに出ると必ずといっていいほどこの曲が歌われ、坂本九と漣健児の代表作のひとつとなった。

もうひとつの漣健児の代表作といえば、飯田久彦が歌った「ルイジアナ・ママ」だろう。奇しくも飯田は、坂本九の高校時代の同級生だ。

　九ちゃんは高校2年生の頃から学校へ来なくなったんです（笑）。九ちゃんは、記憶にないだろうけど、2年の昼休みに、短い箒をギターにして、プレスリーの「トラブル」という曲を歌ったのがカッコよくってね。そのうちに「九ちゃん、どうしてるの？　最近出席が悪いね」みたいなことを言っていたら、「いや、今なんかジャズ喫茶に出ているみたいよ」という話になって。高校2年から3年の初めぐらいかな。それで見に行ったんです、九ちゃんを。友達3人くらいで渋谷の「キーボード」というジャズ喫茶に行ったんですよ。そこは女の子ばっかりで、キャーキャー言われている。それまでは汗水たらして野球ばっかりやっていましたから世界がひっくり返りましたよ（笑）。（飯田久彦）

高校野球に熱中していた飯田は、野球部を引退するとジャズ喫茶に通うようになった。「タダで入れてやってるんだから楽器運ぶの手伝ってよ」坂本にそんなふうに言われ、自然とバンドボーイのようなことをやるようになっていった。本当にバンドボーイになったのは高校を卒業し、芝浦工大に進学した年だった。「井上ひろしとファイブ・サンズ」のバンドボーイとなったのだ。

井上ひろしさんとファイブ・サンズはウエスタン・カーニバルにも出ますから、私も日劇でバンドボーイをやってました。そのうちに「歌を歌えるか」と言うから、「歌は歌えないけど、カントリーは好きです」と答えたんだけど、「ちょっと歌ってみろ」と言われてジャズ喫茶で歌うようになったんです。（飯田久彦）

1961年「悲しき街角」でデビューした飯田久彦（提供：朝日新聞社）

「キミ、面白い声をしているね」[※16]

草野昌一は、初対面の飯田久彦にそう声をかけた。それから飯田は、内外の最新の音楽情報が集まる『ミュージック・ライフ』編集部に足繁く通うようになった。そこで草野はアメリカでヒットしている曲だけでなく、アメリカではヒットしていないが日本ではウケるであろう曲を紹介し、歌うように勧めた。「ルイジアナ・ママ」も、アメリカでは不発に終わった曲だ。

飯田の独特の歌声と甘いルックス、スタイルの良さにスター性を見出したのは草野だけではない。第一プロダクションを立ち上げていた岸部清もそのひとりだ。本格的に飯田に歌うように進言したのは岸部だった。

井上ひろしに続き第一プロの第二号歌手となった飯田は、1961年に日本コロムビアからデル・シャノンの「Runaway」をカヴァーした「悲しき街角」でソロデビュー。訳詞はもちろん漣健児だ。そしてその年の暮れにジーン・ピットニーの楽曲をカヴァーした「ルイジアナ・ママ」で大ヒットを記録するのだ。

漣健児の訳詞は、原曲のイメージはそのままだが、歌う日本人歌手に合わせ、意味は違っていた。日本人に受けることが考え抜かれていた。

「ロカビリーがあれほど受け入れられたのも漣さんのそうした日本語詞というものが、すごく大きな要因になっているんじゃないかな[※47]」と飯田は言う。漣は以降、400曲以上のカヴァー・ポップスを生み出していった。この頃はまだ日本では、訳詞には印税が発生しない代わりに誰がどんな歌詞をつけてもいいという時代だったため、自薦・他薦を含めて数多くの訳詞家が登場した。[※42]その中にはのちに数多くのヒット曲を書くことになる「みナみカズみ」こと安井かずみもいたという。

渡辺プロと『ザ・ヒットパレード』は次第にオリジナル曲へとシフトし始めるが、漣を中心としたカヴァー・ポップスとの両輪で、日本流のポップスを生み出し、旧態依然としていたレコード会社に風穴を開けようとしていた。

9章　レコード会社と芸能プロダクション

日本作曲家協会

「ただいま三波先生がお見えになりましたので、みなさん玄関にお集まりください」

テイチクのドル箱スターだった三波春夫が会社にやってくると、そんなアナウンスが社内に流れた、とかまやつひろしは回想している。1960年にテイチクと専属契約したかまやつは、日劇ウエスタン・カーニバルで「三人ひろし」として脚光は浴びていたが、まだ世間的なヒット曲もなく新人扱い。レコーディングの途中でもスタッフと一緒に玄関まで出迎えなければならない。三波に限らず大御所の歌手や作家先生が車から降りてくると、いっせいに頭を下げ、「お疲れさまでございまーす！」と挨拶するのだ。[※12]

そういった封建的慣習が色濃く残っていた。

当時はレコード会社が絶大な力を持っていた。レコード会社はレコードに関するすべてを取り仕切っており、芸能プロダクションが口を出せるのは興行についてのみ。テレビ局との折衝も、芸能プロではなくレコード会社の宣伝部が行っていた。また、テレビ局には出演料の査定制度があった。「買うほうが査定するなんて馬鹿なことはないとさんざん揉めた」と堀は言う。[※6]「とにかく最初の頃は、宣伝していただいたうえにお金もいただけるんですかという姿勢だったので、こちらの立場が弱かった」のだと。つまり、レコード会社、テレビ局に比べて芸能プロダクションがもっとも立場が弱かったのだ。さらに言えば、レコード会社やテレビ局にとって芸能プロダクションは雑務を担う便利屋のようなものにすぎなかった。

この頃、レコード会社大手5社（コロムビア、テイチク、ビクター、キング、ポリドール）は、所属する専属作家が作る新作を月ごとに新譜として発売していた。それでは、時代の変化や、最新の世界の音楽の潮流を反映した楽曲は生まれにくい。似たような売れ筋の作品ばかりを出す旧態依然とした音楽状況になっていた。[※48]巷では、日劇ウエスタン・カーニバルによって興ったロカビリーブームで新しい音楽が生まれている。けれど、大手レコード会社から出る新譜はいつまでたっても、そんな新しさとは懸け離れている。

そうした状況に危機感を抱いたのが、ともにコロムビア専属の服部良一（1907年生まれの作曲家。「別れのブルース」「東京ブギウギ」「青い山脈」など）と古賀政男（1904年生まれの作曲家。「湯の町エレジー」「東京ラプソディ」など）だった。まず服部が作曲家仲間の有志とともに、レコード会社に所属する作曲家たちに呼びかけて「日本作曲家協会」を1958年の年末に設立する。初代会長に就任したのが古賀政男だった。

日本レコード大賞

その最初の仕事が、「日本レコード大賞」の制定だった。こうしたディスク・グランプリは、世界各国には既にあったが、日本には存在していなかった。古賀や服部はアメリカのグラミー賞を参考に構想を練っていき、「戦前派の歌謡曲と戦後派のロカビリーとの世代間にできた空白を埋めるために、〝新しい日本の歌の育成〟※48」を理念に打ち出した。会長の古賀は自ら運営委員長を引き受け、私財をなげうってでも必ず日本レコード大賞を実施すると宣言した※48。

しかし、こうした理念は、ほとんどのレコード会社首脳陣にまったく理解されなかった。目先の売り上げが最重要。作品に順位をつけるのなんてもってのほかというのだ。

共催を申し込んだ「日本蓄音機レコード文化協会」（現・日本レコード協会）からの協力も得られず、大手新聞社の音楽記者会も初年度の審査への参加を留保するという実に曖昧な態度を取った。それはテレビ各局もそうだった。絶大な力を持つレコード会社を敵に回すわけにはいかなかった。

そんな中で唯一、ラジオ東京テレビ（現・TBS）だけが前向きな姿勢を見せた。ラジオ時代から古賀、服部両氏と懇意にしていた野中杉二（TBSの音楽班プロデューサー）がいたからだ。野中はまず日頃から顔を突き合わせているレコード会社の幹部たちと、食事や酒を共にし「賞を獲れば、もっとレコードが売れるし、公演のギャラもはねあがる」などとメリットを挙げ説得にあたり各社の了承をとりつけた。[※46]

こうして1959年12月27日、『輝く！日本レコード大賞』として第1回レコード大賞発表会の模様が生中継された。しかし、わずか30分のローカル枠。会場となった東京・文京公会堂の集客も芳しくなく、2000人収容の会場にわずか200人程度だったという。[※48]服部を始めとする作曲家協会の作曲家たち自らが法被を着て呼び込みを行うほど。その中には大賞を争った「夜霧に消えたチャコ」の渡久地政信（1916年生まれの作曲家。「お富さん」、「島のブルース」など）もいた。それだけ手作り感満載のものだったのだ。
レコード会社からの反発を受け、マスコミからも十分な協力が得られない、しかも経費の不足分は会長の古賀が自己負担までして始めたレコード大賞。その第1回大賞に輝いたのが、「三人ひろし」の一角であったロカビリー歌手・水原弘が歌う、永六輔・作詞、中村八大・作曲の「黒い花びら」だった。
審査は引退した新聞記者が作る音楽ペンクラブの5名とNHKが3名、民放各局が1名、雑誌『平凡』と『明星』の編集長、作曲家協会の会員代表によって行われ、第2次予選までで大賞候補が6曲までに絞られた。ここで「黒い花びら」は「ロカビリーだから外すべき」という意見が出たが、「ジャズでもロカビリーでも、いい曲ならかまわない。むしろ新しい歌謡曲を生んだ点を買いたい」と支持する声で残り、最終的には「夜霧に消えたチャコ」との決選投票の末、1票差で受賞したのだ。※48
この受賞は、結果的に旧態依然としたレコード会社に大きな一撃を食らわせることになるのだ。

八・六コンビ

「レコード大賞？　なんだい、それ？」

レコード大賞受賞を聞いた水原弘は困惑した。何しろ立ち上がったばかりの賞、しかも最初は作曲家たちのお手製のようなものだったから無理もない。

この曲を作曲した中村八大は、かつて渡邊晋と袂を分かち「ビッグ・フォー」を結成し、ジャズブームを牽引した人物である。しかし、1955年にはジャズブームはすっかり冷めてしまった。その年末の12月23日、ジャズ喫茶「テネシー」ではスペシャル企画としてビッグ・フォーを招いた。その演奏に乗せて歌うのは、のちに大橋巨泉の妻となるマーサ三宅だった。巨泉はその日の日記に、こう記している。

「二人でクリスマス・プレゼントを買いにいった昼間はハッピーであったが、夜になるとすべてはぶちこわしになった。いくら人気ものでもビッグ・フォーのメンバーは——特にピアノの中村八大はひどい。尊大で、彼女の伴奏をわざと間違えたりして喜んでいた。彼女は音程が取れず泣きそうであった。ボクは奴を殴り倒してやりたいのをこらえるのがやっとだった［※32］」

実はこの頃、焦りとスランプで八大は薬物に頼り精神的に不安定になっていたという。

1959年2月、深刻な薬物中毒に陥った八大は遂に自殺を考えるようになった［※13］。けれど、「私には音楽がある」と何とか踏みとどまった八大は、一切の薬物を処分し、薬物が抜けるまで自室に引きこもった。激しい禁断症状との闘いに打ち勝った八大は、ようやく再生への道を歩み始める。

そこで八大が頼ったのは、かつて後足で砂をかけるようにして決別した渡邊晋だった。

「晋さん、なんでもいいから作曲の仕事をください」

「本当にどんなものでもやるんだな?」

渡邊晋は念を押すと、日劇ウエスタン・カーニバルを観に行き勉強してこいと指示した。過去の恩讐はさておき、晋は八大のミュージシャンとしての才能に賭けたのだ。

八大は、晋に言われた通り、日劇に通い、それまで見向きもしなかったロカビリーや歌謡曲を必死に勉強した。

それからしばらくして、晋から八大に大きな仕事が与えられた。前述の映画『檻の中の野郎たち』と、同時期に制作された『青春を賭けろ』という2つのロカビリー映画の音楽を制作するように命じたのだ。しかも締切は翌日。一晩で8曲作ってこいというのだ。この無茶振りともいえる依頼にミュージシャンとしての八大は燃えた。

さらに幸運も味方した。切羽詰まった状況で日劇の前を歩いていたところ、偶然、ラジオの構成作家・永六輔と遭遇したのだ。ふたりは同じ早稲田大出身で顔見知りだった。

「永ちゃん、オレのために一晩空けてくれないか？」

突然の申し出にもかかわらず、永は「いいよ、いいよ」と即答し、そのまま八大のアパートについてきてくれたのだ。

「八・六コンビ」の誕生である。

しかし1曲ずつ作っていては間に合わない。永は歌詞を、八大は曲をそれぞれ勝手にまず作り、それを明るいものから暗い順に並べていく。そうして詞と曲を組み合わせた。その後で、語呂を調整したりしながら8曲を完成させた。夜の8時から始まった作業は、終わる頃には、早朝の5時になっていた。

その中の1曲に「黒い花びら」はあった。これが『青春を賭けろ』の挿入歌に使われた。当初、山下敬二郎が歌う「練鑑ブルース」のB面として発売されたが、その歌詞の内容で世論から総攻撃された挙げ句、発売禁止の憂き目にあってしまう。八大は、「黒い花びら」の出来に手応えを感じていたため、諦めきれずに東芝レコードに直接かけあった。それが実り、映画公開から半年以上遅れてA面として発売されることになったのだ。「黒い花びら」は口コミで徐々に広がっていき、秋ごろには全国的なヒットとなったのだ。

だが、本来「黒い花びら」と中村八大は、レコード大賞にエントリーする資格すらなかった。対象となるのは過去1年間に発表されたレコードだが、会員の作曲家ひとりにつき1曲がエントリーできるという規約。つまり、対象が作曲家協会の会員の曲に限られていたからだ。作曲家協会はレコード会社の専属作家たちが作った団体。従って、中村八大には会員の資格が備わっていなかった。

事実、東芝レコードで「黒い花びら」を担当した松田十四郎も資格がないという認識だったが、審査会場から「どうして出品されていないんだ」という連絡を受けて急遽、会場にレコードと歌詞カードを届けたという顛末もあった。さらに、服部自ら八大に「作曲家協会に入りなさい」と話し、受賞決定直前に八大は会員になったのだ。

古賀や服部は、どうしても第1回の大賞を「黒い花びら」に獲らせたかったに違いない。本来、こうした賞は1回目に権威ある作品を選び、その価値を高めていくものだ。しかし、彼らが選んだのは、作曲家としては新人、しかもレコード会社と専属契約もしていない中村八大だった。

レコード会社に大きな恩恵を受けて仕事をしてきたふたりだったが、同時にレコード会社の専属制という束縛に苦しめられてもきた。いい音楽を届けるには、もう専属制に縛られていては難しい。事実として、中村八大のようなフリーランスの作曲家が新しい音楽を生み出している。ならば、彼に栄誉ある賞を与えることで音楽業界の構造を変える端緒としよう。そんな思いがあったとしたら、「黒い花びら」受賞をめぐるバタバタも合点がいく。実際その後、「八・六コンビ」は、専属制度の壁を越え、様々な歌手に作品を提供するようになり、専属制が形骸化するきっかけとなった。

「黒い花びら」は、中村八大再生の第一歩だったばかりでなく、音楽業界再生の第一歩だったのだ。

著作権

映画『檻の中の野郎たち』と『青春を賭けろ』の音楽に中村八大を起用したのには、実はもうひとつ理由があった。それは〝外圧〟だ。

前述のとおり、この頃の日本では、特にロカビリアンたちは、アメリカの曲をカヴァーするのが主流だった。けれど、その多くが無許可で外国曲の著作権がほとんど守られてはいなかった。

そんな状況の中、1959年1月にフランスからクラシック作曲家のジョルジュ・オーリックが来日する。彼は、「SACEM」（フランスの演奏権管理団体）の会長でもあった。オーリックはJASRAC（日本音楽著作権協会）に対し、正当な対価が支払われていないことに強く抗議した。この頃のJASRACは、せいぜい演奏権について扱っているだけで、楽譜の管理程度しかやっていなかった。そのため、楽曲に勝手に歌詞をつけてはならない、レコード化する場合、ラジオやテレビ、映画で使用する際も著作権者の許諾を得て必要な対価を支払うといった現在では当たり前のことを要求された。ここで初めて日本のポピュラー・ミュージック界に、楽曲における国際標準の「著作権」という概念がもたらされるのだ。

これを受けて、当初は海外のロカビリーを映画に使うはずだったが、変更を余儀なくされ、中村八大らによるオリジナル曲が生まれたのだ。『ザ・ヒットパレード』がオリジナル曲路線へと変わっていったのも、そうした流れの中にあるのだろう。

一方、草野昌一はそれからまもなく1960年頃に、著作権の仲介業務を行っていたジョージ・トーマス・フォルスターに呼び出された。

「これはどういうことですか？」

フォルスターは草野が出版した『クリスマスソング集』を突きつけ抗議した。「赤鼻のトナカイ」「ウインターワンダーランド」など外国のクリスマスソングの譜面に訳詞をつけて販売したものだが、もちろん著作権者に許可は取っていなかった。

「あなたのエラーは外国では大変な問題になる。訴えられて多額の罰金を払うか、刑務所にはいらなくてはならない[※8]」

フォルスターにアメリカへ行って直接謝罪したほうがいいと諭され、草野はすぐにアメリカに飛んだ。そこで出会ったのが「ウインターワンダーランド」の著作権者のジャック・ブレグマンだった。

「お前みたいに自分でわざわざ謝りに来た奴は、世界でも初めてだ」

300ドルで「ウインターワンダーランド」の著作権を譲ってくれただけでなく、他の会社にも「日本はこれからの国だから、こいつを応援してやってくれ」と電話してくれた[※42]。

その際に交わした契約書こそ、草野の「目覚めの原点」だった。草野はそこから出版ビジネス、コピーライトビジネス、作家の保護などを勉強していき、アメリカの音楽出版各社と契約。サブ・パブリッシャー（日本国内での著作権管理者）として、エルヴィス・プレスリーなどの楽曲の著作権管理の権利を得た。こうしたサブ・パブリッシャーとして獲得した洋楽を最大限活かしたのが、草野のもうひとつの顔・漣健児だったのだ。

音楽出版社

さらにほぼ時を同じくして、永島達司の耳にも「コピーライト」や「パブリッシャー」といった言葉が入ってきた。それは、呼び屋としてアメリカのコーラスグループ「フォー・ラッズ」を招聘したときのことだ。彼らのマネージャーを務めていたのがマイケル・スチュアート。音楽出版社の代表の顔を持つ彼は日本から正当な著作権料が支払われていない状況を調べるため、JASRACに通っていた。

「タツ、ミュージック・パブリッシャーって知ってるか?」

「なにそれ?」

JASRACとの交渉が要領を得ず、困っていたスチュアートは永島に相談した。

「著作権のわかる弁護士を紹介してくれないか?」

スチュアートにそう言われたが、当時の日本にそんな人物がいるはずもない。そこで永島は英語のできる弁護士を紹介した。※42 帰国する段になりスチュアートは永島に「タツ、お前みたいなやつが音楽出版の仕事をやってくれると私たちも助かるんだがな」と言い残し、連絡先の名刺を手渡した。[※9] 程なくして、江利チエミ、中村八大、中島潤のブラジル公演の帰りにニューヨークに寄り、たまたま来ていたという渡邊美佐とともにスチュアートを訪ねた。彼のビジネスの内容を詳しく聞けば聞くほど、その将来性に魅力を感じ始めた。

「美佐、これ一緒にやろうよ[※42]」

スチュアートから出された出版カタログに、ふたりは片っ端からサインをした。

そうして、渡辺プロと永島達司による日本初の近代音楽出版社「大洋音楽」が誕生した。音楽出版が単に楽譜を印刷して出版するという意味合いから、著作権を管理するという新しいビジネスに変貌したのだ。1962年には、渡辺プロ単独で「渡辺音楽出版」が設立された。

スーダラ節

それと前後して、渡邊晋は、著作権関係のことを研究した草野昌一から「原盤制作」というビジネスがアメリカで盛んに行われていることを教わった。

「原盤」（音源）を自社で作り、それをレコード会社に売るというものだ。原盤制作費がかかるというリスクはあるが、楽曲の権利を保有できるため、曲がヒットすれば大きな利益を得られる。

「『スーダラ節』の原盤は渡辺プロよ」

美佐にそう言われて東芝の松田十四郎は最初、何を言っているのかわからなかった。

クレイジーキャッツの人気が不動のものになったのは1961年6月から日本テレビで始まった『シャボン玉ホリデー』だ。ザ・ピーナッツとクレイジーキャッツをメインに据えた音楽バラエティである。そのプロデューサー／ディレクターを務めたのは、秋元近史だった。皮肉にもライバルである堀威夫の盟友で、堀が紹介して日本テレビに入社した人物だ。『ザ・ヒットパレード』同様、制作に渡辺プロダクションが入ったユニット番組。渡辺プロは、『ザ・ヒットパレード』で音楽番組、『シャボン玉ホリデー』でバラエティ番組と両輪を持つことに成功したのだ。

この番組の中でひときわ人気を博したのが植木等だ。「お呼びでない」「はい、それまでよ」など次々と流行語を生み出した彼の特異なキャラクターに目をつけ、渡邊晋は植木をメインにしたオリジナル曲を企画した。彼の口癖である「スーイスイ」「スラスラスイスイ」を取り入れた青島幸男作詞の「スーダラ節」を完成させた。

渡邊美佐は、その「スーダラ節」の原盤を渡辺プロが制作すると言い出したのだ。レコード会社としては一大事だ。前述の通り、それまでレコード会社は、レコードに関するほぼすべての権利を保有することで絶対的な力を持っていた。当然、レコード売り上げによる利益の大半もレコード会社のものだった。原盤の権利を渡すということは、それを揺るがすということだ。もちろん、大手5社にそんな話をすれば、一笑に付されるのがオチだっただろう。しかし、東芝は新興の会社。渡邊晋の口利きによって水原弘や山下敬二郎らのヒット作を手掛けることができたという恩もある。

「やむを得ない」

それが、東芝の苦渋の判断だった。1961年8月に発売した「スーダラ節」は大ヒットを記録し、渡辺プロは多大な利益を得た。

こうして日本に原盤ビジネスがもたらされた。専属制が崩れ始め、プロダクションや音楽出版社による原盤制作も始まった。これにより芸能プロダクションとレコード会社の力関係が大きく変わり、逆転していくのだ。

六八九トリオ

「スーダラ節」誕生とほぼ同じ頃、八六コンビによる最高傑作のひとつが完成する。「上を向いて歩こう」だ。この経緯については佐藤剛が著した『上を向いて歩こう』に詳しい。概略は次のようなものだ。

1961年、中村八大は「第3回中村八大リサイタル」を開催した。そこで坂本九のために書き下ろされたのが「上を向いて歩こう」。坂本のマネージャーだったマナセプロダクションの曲直瀬信子は、八大に坂本独特のファルセットを活かせるような曲をリクエストしていた。そしてリサイタル当日ギリギリになってできあがった曲が「上を向いて歩こう」だったのだ。歌詞を書いたのは、もちろん名コンビの永六輔だ。ここに「六八九トリオ」が誕生する。

リサイタル当日の朝、信子が楽譜を取りに行くとすぐに八大がピアノを弾きメロディや歌い方を確認。それを信子がリハーサル会場へ向かう車中で坂本九に、ひとフレーズごとに歌って伝えるという慌ただしさだったという。つまり、最初に「上を向いて歩こう」を歌ったのは曲直瀬信子だったのだ。※13 この時、19歳だった坂本九は半ばぶっつけ本番のステージで「ウヘッフォムフフィテ、アハルコフホフホフホフ……」と彼独特の節

「六八九トリオ」左から永六輔、坂本九、中村八大（提供：毎日新聞社）

回しでこの曲を歌った。

実は坂本は一度、芸能界から足を洗って高校生に戻っている。日劇ウエスタン・カーニバルの舞台にデビューした後だ。芸能界の空気を実際に吸ってみて、自分の肌に合わないと思い、弁護士を目指すため学校に戻ったのだ。

「ぜったい私が責任を持つから」

曲直瀬信子は、坂本九の実家に押しかけて熱心に訴えた。

芸能プロダクション一家に育ちながら、同じく芸能界の空気が嫌で家業から背を向けていた曲直瀬家の五女・道枝は、坂本とは気が合って仲が良かったという。

スキーに行ったり、ハワイに一緒に行ったりとか、そういう感じで仲がよかったですね。何ていうのかしら、九ちゃんは、芸能界でスターになりたいというより、人として「すばらしい人」になりたいという気持ちがすごい強い人だから。勉強して高校行って、大学行って、人と話をするのが好きな人でした。だから、坂本九本人はこの業界を一回辞めると言って辞めたんです。それで親元と話をして、姉の信子がそこから連れてきたんです。（曲直瀬道枝）

「歌手をやめて普通の高校生に戻ってしまった坂本九をもう一度、育ててみてもらえないか」と信子に進言したのは、漣健児として坂本九の最初のヒット曲「ステキなタイミング」を生み出すこととなる草野昌一だった。[※13] 信子もテレビ時代には、坂本九のような、とりたてて美男でもなく、飛び抜けて歌がうまいわけでもない、どこにでもいる庶民的で人懐っこい男がスターになると確信し、坂本復帰に向けて動いたのだ。坂本自身も「ノーちゃん（信子）が、あれほど熱心に家まで押し掛けてきて歌手で立つことをすすめなかったら、ぼくもやる気を起こさなかった」と述懐し、彼女のことを「恩人」だと称している。[※13]

夢であいましょう

1961年4月8日、NHKによる音楽バラエティ『夢であいましょう』がスタートした。音楽とトーク、ダンス、コントを見せる30分の生放送。演出を務めたのは末盛憲彦（1929年生まれのNHKプロデューサー／ディレクター。『夢であいましょう』のほか『ステージ101』『テレビファソラシド』などを手掛けた）。「大衆にミュージカルを楽しんでもらう」という発想で「目で楽しめる音楽」を目指した。司会にファッション・デザイナーの中嶋弘子を起用したのは、番組の構成作家を務めた永六輔の提案だった。中嶋が首を右に曲げてあいさつするなど素人っぽさが受けた。27歳の永は、このときから既にテレビは「素人」のものだと看破していたのだ。レギュラーには若き日の黒柳徹子、渥美清、坂本九らが顔を揃えた。そしてこの番組で音楽を担ったのが中村八大だ。

この番組の名物コーナーが「今月の歌」。永六輔・作詞、中村八大・作曲の曲を毎月番組から発信していったのだ。この中から北島三郎の「帰ろかな」や梓みちよの「こんにちは赤ちゃん」など数多くのヒット曲が生まれた。「こんにちは赤ちゃん」が、末盛が生まれた赤ちゃんに「はじめまして、父親です」とあいさつしたというエピソードがヒントになって生まれたという逸話は有名だ。

そんな中で最大のヒット作といえるのが「上を向いて歩こう」だろう。

1961年7月21日の「第3回中村八大リサイタル」で初披露されると、テレビでは同年8月19日の『夢であいましょう』で初めて全国に届けられた。これが大反響を巻き起こし、異例の10月から11月までの2か月にわたり「今月の歌」として歌われ、東芝から発売されたレコードは大ヒットを記録するのだ。坂本九はこの年、『NHK紅白歌合戦』にもこの曲で初出場。名実ともに国民的スターになった。

それまでもテレビには数多くのスターが出演していた。しかし、そのほとんどは映画や舞台、ラジオなどで既にスターだった人たち。坂本九はクレイジーキャッツやザ・ピーナッツらとともに、テレビが生んだ最初のスターといえるだろう。1961年に「上を向いて歩こう」と「スーダラ節」という日本を代表するスタンダード・ナンバーが生まれ、テレビ番組から火がつき大ヒットしたのは、テレビ時代の幕開けを象徴している。

「上を向いて歩こう」はさらなる展開を見せる。どのような経緯かは諸説あるが、1963年、アメリカのキャピトル・レコードから「SUKIYAKI」と改題されて発売されたこの曲が、6月15日付の『ビルボード』誌のチャートでトップを獲得。その後、3週間首位の座をキープし、ミリオンセラーに。全米レコード協会からゴールド・ディスクを受賞する快挙を果たした。

「上を向いて歩こう」は、イギリス、ドイツなど約70か国で発売され、世界各地でも大ヒットを記録する「和製ポップス」の金字塔を打ち立てたのだ。

第４部　男性アイドルの系譜とＧＳ旋風

10章　御三家とジャニーズ

ふたりの「舟木一夫」

1960年に発表された第2回レコード大賞には、松尾和子と和田弘とマヒナスターズの「誰よりも君を愛す」が選ばれたが、この年、どうしても無視できない存在が彗星の如く現れた。

橋幸夫である。

レコードデビュー前の6月にTBSの『ロッテ 歌のアルバム』に出演すると一気に評判となり、7月5日にビクターからリリースされた「潮来笠」が大ヒットを記録した。

当時の歌謡界は、三橋美智也、春日八郎、三波春夫、村田英雄ら演歌系歌謡が全盛。それにビクターがフランク永井、マヒナスターズ、松尾和子らの都会派ムード歌謡路線で対抗していた。「誰よりも君を愛す」も、その路線のものだ。一方で若者たちの間ではロカビリーがブームになり歌謡界は押されていた。

そんな中で登場したのが17歳の橋幸夫だった。彼は、そのどれとも違う「股旅もの」で鮮烈なデビューを果たしたのだ。そのインパクトがどれほど凄まじかったかは、第1回の時にはなかった「新人賞」が2回目から創設されたことが象徴している。橋幸夫の「潮来笠」は第2回レコード大賞で新設された「新人賞」に輝いたのだ。

橋は「橋君が強烈に目立ったから新人賞をつくったんだ。君がいなければ新人賞という賞はなかった[※49]」と聞かされたという。

実は、橋幸夫はデビューに当たりコロムビアのオーディションで落選している。当時の歌謡界は徒弟制度が色濃く、大物作曲家の元で修業し、その庇護を受けてデビューするのが通例。彼はコロムビア専属の作曲家・遠藤実《みのる》に師事していた。従って、遠藤からの推薦を受けてオーディションを受けた。当然、大物作曲家の後ろ盾がある橋がオーディションに受かるのは既定路線だったが、「若すぎる」という意見が出て落ちてしまったのだ[※49]。

これに遠藤は納得がいかなかった。意地になった遠藤は当時としては異例ながら、他社のオーディションを探し、橋はビクターからデビューすることになるのだ。専属制度がまだ強く残っていたため、他社からデビューすれば自分の元から手放さなければならなくなる。それでも遠藤は橋のデビューにこだわった。ビクターで吉田正に預けることになると、橋に付き添って挨拶にまで行ったのだ。[※49]

ちなみに遠藤は橋の芸名を既に決めていた。それが「舟木一夫」だ。

その名を受け継ぐことになった上田成幸をスカウトしたのが、1960年に紆余曲折を経て堀プロダクション（現・ホリプロ）を立ち上げていた堀威夫だ。上田は1962年3月、名古屋のジャズ喫茶で行われた松島アキラのショーを友人と一緒に観に行っていた。

「一緒に歌う人はいませんか」

司会者のそんな呼びかけに友人が上田の左手を摑んで挙げた。実はそのわずか1か月前、地元ののど自慢番組『歌のチャンピオン』（CBC）でこの曲を歌いチャンピオンになっていた上田は、松島の「湖愁」を見事に歌い上げた。その光景をたまたま見ていたのが『週刊明星』の記者。その情報が堀の元にもたらされて、すぐに堀は上田に連絡する。

堀は上田をコロムビアの遠藤実に預け、上田は1963年6月、「舟木一夫」としてデビューした。歌ったのは「高校三年生」。もちろん作曲は遠藤実。デビューにあたりアイキャッチに学生服を着用させるという堀の戦略も当たった。9月には「修学旅行」、10月に「学園広場」と立て続けにリリース。この「学園三部作」は大ブームを巻き起こし、第5回のレコード大賞新人賞にも輝いた。

舟木一夫の大ヒットは、周りの裏切りなどで失いかけていた堀の自信を蘇らせた。秋には映画『高校三年生』が封切られ、これも空前の観客動員を記録したのだ。

青春歌謡アイドル

1963年、レコード業界に激震が走る。コロムビアの生え抜きの実力者である伊藤正憲が会社の方針に反旗を翻し独立。クラウンレコードを創設したのだ。伊藤を慕っていた「高校三年生」を手掛けた斎藤昇や、守屋浩らのヒットを生んだ長田幸治らも行動を共にした。このクラウンから1964年にデビューすることになったのが、西郷輝彦だ。

「ユー、オーラがあるよう[※50]」

1962年の暮れ、歌手を目指し、「サンズ・オブ・ウエスト」のバンドボーイとして関西や名古屋のジャズ喫茶を回っていた彼に声をかけたのが、相澤秀禎だった。相澤はその頃、東洋企画を辞め、「竜巳プロダクション」を設立していた。渋谷の「マリンバ」で出会った松島アキラをスカウトし、1961年にデビューさせた彼は、次なるタレントを探していた。西郷は1963年の春に上京し、「ウエスタン・キャラバン」に加入したがほとんど仕事はない。ようやくバンドに仕事が入っても浅草のキャバレーのヌードショー。歌の必要はないためバンドの後ろでパーカッションを叩いているような状況だった。[※50] やがて竜巳プロは解散。相澤と西郷は、岸部が興した第一プロダクションに移った。

大きな転機となったのは、長田との出会いだった。長田は当時まだコロムビアに所属していたがクラウン立ち上げの準備でめぼしい新人を探していた。そんなとき浅草のジャズ喫茶「新世界」で歌っている西郷輝彦を見つけたのだ。

こうして1964年、新人としてはクラウン専属第一号となる西郷輝彦は「君だけを」でデビューする。橋、舟木、西郷らが歌う曲は「青春歌謡」と呼ばれ、ヒットを連発した。3人は「御三家」と名付けられ、日本中を沸かすスーパーアイドルとなった。

橋がビクター芸能社、舟木がホリプロ（64年に独立し第一共栄プロ）、西郷が第一プロ（65年に相澤らと独立し日盛プロ）と奇しくもいずれも非・渡辺プロ所属。「御三家」ブームは、絶対的なタレント層を誇っていた渡辺プロに最初に与えた一撃だといえるだろう。

ジャニー喜多川登場

「将来はミュージカルをやりたい」

ロカビリーブームが下火になっていくと、「いい歳していつまでもロカビリーじゃないだろう」というムードもあって、ロカビリアンたちは決まり文句のようにそんな話を楽屋でしていたという。※12 ムッシュはそれを「一種の免罪符」で言い訳のように感じ白んじて聞いていた。

しかし、本気で若い日本人男性たちのミュージカルをやりたいと夢見ていた人物がいた。ジャニー喜多川である。

ジャニーさんは、五反田の曲直瀬家でパーティーをしたときにビンゴゲームの賞品とかを用意してくれたり、いろいろ手伝ってくれていたんですよ。パーティーには、マナセプロの人たちだけじゃなくて渡辺プロの人たちもいたから、そこからジャニーさんは渡辺プロの人たちと知り合ったんだと思います。でも、ジャニーさんはすごくシャイでしたね。パーティーが行われているところで一緒になってしゃべるタイプではなくて、裏にダイニングキッチンがあって、そこにずっといた。だから私とは気が合って、キッチンでふたりで座って、ああだよね、こうだよねっていろんな話をしました。ステキな人でしたね。（曲直瀬道枝）

ジャニー喜多川は1962年にジャニーズ事務所を立ち上げたが、そうした関係もあって、当初は渡辺プロの系列会社としてのスタートだった。

ジャニー喜多川は、1931年にロサンゼルスで生まれた。父は真言宗の僧侶であった喜多川諦道《たいどう》。ロスの「リトルトーキョー」の一角にある米国高野山大師教会の三代目主監である。諦道は寺院にステージを作るなど、型破りな僧侶だったという。※51

『週刊文春』（2010年12月30日・2011年1月6日号）の取材によると、1896年に生まれた彼は8歳で出家し、1924年に渡米。のちに大阪から妻・栄子も渡米。

1927年に姉のメリー（泰子）、その下に長男・真一、そして末っ子のジャニー（擴）が生まれた。3人姉弟は、それぞれ泰子、マー坊、ヒー坊と呼ばれていた。1933年、一家は帰国し大阪に居を構えた。しばらくして母が亡くなると、メリーが母親代わりのようになり、弟たちの面倒を見るようになった。戦時中は父の元を離れ、姉弟3人は和歌山で親戚筋にあたる大谷貴義の家に身を寄せた。児玉誉士夫と並び「戦後最大級のフィクサー」と称される人物だ。

メリーは、17歳の頃大阪松竹歌劇団（OSK）に参加。ジャニーズのデビューにも大きくかかわることになる、のちの名和プロダクションの社長・名和純子とはこの時、知り合った。彼女もOSKにおり、近くで飲食店も営んでいた。そこによく姉弟はやってきたという。

メリーは京マチ子のような普通では後輩が近づけない大御所にも臆せず、「おはようございまーす」と部屋に入っていき掃除をしていた。だから、先輩たちに可愛がられたという。京マチ子が主演した1956年製作のアメリカ映画『八月十五夜の茶屋』の撮影では付き人のように付きっ切りで世話をした。名和は彼女を「人間関係を築く天才」と称している。※51

戦後、ＯＳＫは占領軍のキャンプ回りをしていたが、メリーは得意の英語を駆使して司会をしていた。森光子と出会ったのも、この頃だという。

しかし１９４９年、３人姉弟は再びアメリカへ渡る。彼らはアメリカ人の日常生活の手伝いをするような仕事をしながら生活費を稼ぎ、学校に通って勉学にも励んでいた。そんな中、ジャニーに転機が訪れる。１９５０年頃になると、日本から美空ひばりを筆頭に笠置シヅ子、古賀政男、服部良一らが続々とやってきたのだ。彼らの目的は表向き「日米親善のため」というものだったが、実際には「少しでも多くの外貨を獲得できたら」というＧＨＱの配慮によるものだったという。[※15]

ロスでは、諦道が作った高野山寺院のステージで公演が行われた。その際に彼らをアテンドする役割を担ったのがジャニーだった。これがジャニーにとってショービジネスとの最初の接点となった。多くの芸能人が予算ギリギリで渡米してくるという事情を知ったジャニーは、あるアイデアを思いつく。ロス在住の親戚のカメラマンに頼み、渡米してきた芸能人のポートレイトを撮影し、それを観客に売ったのだ。その売り上げはすべて芸能人本人に渡した。それで随分感謝されたという。[※52]

だが、２年後の１９５２年、さらなる転機が訪れる。米国籍を持つジャニーは朝鮮戦争に徴兵され1年2か月にわたり戦地に赴き、除隊後は日本に戻りアメリカ大使館で勤務することになった。[※52]米軍宿舎だった代々木の「ワシントンハイツ」に住み、そこにあった広大なグラウンドに近所の少年たちを集めて、一緒に野球で遊ぶようになった。
ジャニーの野球との関わりも父・諦道に由来する。彼は1946年に創設された大阪のプロ野球チーム「ゴールドスター」の創設メンバーでマネージャーを務めていたのだ。ジャニーのもとに集まった少年たちは、仲間内でふざけて「オール・エラーズ」だとか「オール・ヘターズ」などというチーム名をつけていたが、父のコネで呼んだ中日ドラゴンズの森徹や国鉄スワローズの徳武定祐《とくたけさだゆき》といった名選手のコーチを受けてメキメキと上達。ユニフォームを作る際、チーム名として少年たちが提案したのが、「ジャニーズ」だったのだ。[※53]
ジャニーの活動は、やがて少年たちによる野球大会が開かれるほどまで拡大していった。その大会には当時、国民的ヒーローになっていたプロレスラーの力道山も応援に訪れた。日に日に代々木のグラウンドに集合する少年たちの数は急増していった。
力道山が応援に訪れたのは、彼とメリーが懇意にしていたからだ。この頃、メリーは四谷三丁目で「スポット」というカウンターバーを営んでおり、力道山はそこの常連だった。ジャニーが米軍から仕入れてくるウイスキーやバーボン、メリーのアメリカ料理が評判になり、力道山だけでなく、芸能関係者、財界人なども足繁く通い、メリーは人脈を広げていった。ちなみに夫となる東京新聞記者の藤島泰輔とメリーが出会ったのもこのバー。渡辺プロ新卒1期生の工藤英博も「スポット」時代のメリーを知るひとりだ。

渡辺プロから帰る途中にあったので、最初は誰かに誘われて行ったのか覚えてないんですけど、何回か行きましたね。そうしたら、「工藤さん、山形からおいしい漬物を昨日もらったんだけれども、これを美佐さんに渡してあげて」って包んでくれたりしたのはよく覚えてますね。（工藤英博）

ウエスト・サイド・ストーリー

「君たちに素晴らしいものを観せてあげよう」

1962年1月、ジャニーは、野球で集まった少年たちの中から光るものを感じた4人を連れて有楽町の映画館・丸の内ピカデリーにやってきた。ブロードウェイを沸かせたミュージカルを映画化した『ウエスト・サイド・ストーリー』を観せるためだ。ジャニーと4人はスクリーンに釘付けとなり心を躍らせた。
「こいつはゼッタイなんだ。ゼッタイにすごい！」[※53]
ジャニーは確信した。自分は、この横に座っている4人の少年たちを中心にしてミュージカルを作るのだと。その4人こそ同じ代々木中学に通う真家ひろみ、飯野おさみ、中谷良、そしてあおい輝彦。彼らがアイドルグループ「ジャニーズ」のメンバーとなるのだ。

この年の春、ジャニーは有名無名の少年タレントたちを集めて、ミュージカルの勉強グループを作った。もちろん4人も一緒だ。さらに、ジャニーは旧知の名和プロダクション・名和純子が「新芸能学院」をやっていると聞きつけ、彼らを預けることにした。名和プロは2階建ての木造住宅で、1階が30畳ほどの稽古場になっていた。少年たちは学校が終わると池袋の稽古場へ毎日駆けつけ、ジャニーはアメリカのチョコレートなどのお菓子、缶詰、飲み物など、子供たちが喜びそうなものを愛車の白いクライスラーに積んで稽古場に姿を現したという。[※54]

ジャニーは後年、4人の姿を見たときのことをこう振り返っている。
「何か凄いことが可能になる気がしたんだ[※52]」

若い涙

ジャニーズがテレビデビューを果たしたのは1962年8月のことだった。舞台は『夢であいましょう』。渡辺プロの人気歌手・田辺靖雄（1945年生まれ。梓みちよとのデュエット「ヘイ・ポーラ」が大ヒット。甥には小山田圭吾がいる）のバックダンサーという扱いだった。時間にして数分という出番。ダンスも決して上手いわけではない。けれど、ジャニーは「プロにはない良さがある」と信じていた。荒削りだがみずみずしい彼らのパフォーマンスは評判となり、その後、番組のレギュラーになった。

それと前後し、1962年6月にジャニーはジャニーズ事務所を創業。やがてメリーも「スポット」を閉め、事務所を手伝うようになる。当初は事実上、渡辺プロの傘下にあり、ジャニーは美佐と、メリーは晋と気が合ったのだという。

実は、渡辺プロで働いた人がジャニーズ事務所に何人も行っているんですよ。営業で課長クラスだった人とか、田辺靖雄の付き人をやっていた人とかも。ジャニーさんは美佐さんと自分は感覚的にものすごく合うって自分で言っていたよ。だから日本テレビで『ホイホイ・ミュージック・スクール』を木の実ナナとかがやっていたときに、ジャニーさんと美佐さんなんかが裏でワーワー動いていた。(阿木武史)

『ホイホイ・ミュージック・スクール』は、日本テレビで1962年7月に始まったオーディション番組。企画は渡邊晋で演出は白井荘也(1935年生まれ。日本テレビのディレクター、プロデューサー。『ドリフターズ大作戦』、『カックラキン大放送!!』などを手掛ける。マイケル・ジャクソンの日本招聘にも関わった)。司会には「着のみ着のまま」が芸名の由来だという15歳の木の実ナナが抜擢された。これがテレビデビューだった。

メイン企画は架空の音楽学校の「新入生」という名目で参加者たちが登場するオーディション。その伴奏を行ったのがザ・ドリフターズだ。まだ桜井輝夫(岸部清からリーダーを引き継いだギタリスト)がリーダーで、その下にいかりや長介や加藤茶、小野ヤスシらの7人組だった。ただ伴奏するだけでなくその前後にコミカルなやり取りで笑いを取っていた。その際、生まれたのがまだ加藤英文と名乗っていた加藤茶による「カトちゃん、ペッ!」の原型だ。[※55]

木の実ナナはこの番組で一気にブレイク。そのバックで踊り、彼女を引き立てたのがジャニーズだった。ジャニーズとドリフのユニットは『ホイホイ』だけにとどまらず、同じく白井荘也演出の『ジャニーズ9ショー』（1965年10月〜）、『ジャニーズ7ショー』（1966年4月〜）と続いていく。

そして1964年8月、満を持して『夢であいましょう』の「今月の歌」で歌われた「若い涙」でジャニーズはレコードデビューを果たす。作詞作曲はもちろん永六輔・中村八大コンビだ。当時、人気絶頂の〝アイドル〟は「御三家」。彼らはマイクの前で立ったまま、多少の振りはあったとしても基本的にはその場を動かずに歌う。また、その少し前に一斉を風靡したロカビリアンたちも激しく動き回りパフォーマンスをするが、ダンスといえるようなものではない。ジャニーは、そこに鉱脈があると感じていた。日本には歌って踊れる男性アイドルがいなかったのだ。若い女性たちはそれを欲しているはずだ。その思惑通り、「若い涙」はヒットチャートを駆け上がった。

焰のカーブ

ジャニーがもっとも力を入れていたのがテレビではなく生の舞台だった。

1963年1月、ジャニーズは「第19回日劇ウエスタン・カーニバル」で「ロコモーション」を歌う伊東ゆかりのバックダンサーとして初出演を果たすと、以降、日劇ウエスタン・カーニバルに継続して出演していく。

ジャニーさんは、曲直瀬さんとか渡辺プロの人たちとは全く体質が違っていたね。目指すところがあの人独特だから。ロカビリーブームが終わって、GSブームが来るまでの日劇ウエスタン・カーニバルをつないでいたのはジャニーズなんだよ。ピアノ線だか何だかを上空に引いて、2階の観覧席みたいなところにピュッて矢を放つとか、そういう演出をジャニーさんはやってた。(田邊昭知)

1958年に興ったロカビリーブームは、60年代前半にはすでに下火になっていた。当然、日劇ウエスタン・カーニバルの集客も苦しくなっていく。60年代後半に勃発するGSブームによって再び日劇ウエスタン・カーニバルに活況が戻るが、その間の時期を支えていたのがジャニーズだったのだ。

そして1965年4月には念願だったミュージカル公演に踏み切る。日生劇場で1か月にわたり上演された『焔のカーブ』だ。日本初の和製ミュージカルとして注目を集め連日満員だったという。石原慎太郎の作・演出で主演は北大路欣也。物語は『ウエスト・サイド・ストーリー』のカーレーサー版といったもの。ジャニーズは同名の曲をシングルレコードとして発売。作詞は石原慎太郎、作曲はミュージカルの音楽を担当したジャズピアニストであり、レーシングドライバーでもある三保敬太郎。そして演奏はジャニーズの人気をGSブームを巻き起こすことで塗り替えることとなるザ・スパイダースだった。おそらく彼らの起用は、三保と親交が厚かったレーサーの福澤幸雄とスパイダースの関係によるものだろう。

奇妙な〝縁〟が日劇を中心として縦横無尽に交錯していた。

11章　キャンティとザ・スパイダース

キャンティ

東洋企画から〝追放〟され、ホリプロを創設した堀のもとに残り、田邊はいくつかのバンドを組んだ末、1961年5月にザ・スパイダースを結成していた。名付け親は、かまやつの父のティーブ・釜萢で、由来は「蜘蛛の巣の様に世界を席巻する」という想いを込め命名というのが定説だが、当時のインタビューで田邊は、友達がスパイダーという車を持っていて、性能も型も良かったから名前を採ったと語っている。[※56]当初は、ロカビリーはもちろん、モダンジャズやシャンソン、歌謡曲まで何でもやったが、バックバンドをやるくらいしかめぼしい仕事はなかった。

現状を打開するため、田邊はメンバーを一新する決意をした。

最初に田邊が声をかけたのが、かまやつひろしだった。かまやつは、時折、ゲストシンガーとしてスパイダースに参加するようになった。

1960年にテイチクの専属歌手として契約するも鳴かず飛ばず。やがて勧められるまま映画出演などもしていたが、言ってみればくすぶっていた。この頃のことを、かまやつは「屈辱の時代」[※12]と振り返っている。だから、田邊からの誘いは〝蜘蛛の糸〟のようなものだったに違いない。

かまやつと田邊は既に日劇ウエスタン・カーニバルなどでも共演していたが、それ以上に同世代で遊び仲間として仲が良かった。ふたりと仲が良かったミッキー・カーチスはこのように回想している。

ムッシュかまやつや田辺のショー坊など、一緒に悪ふざけする仲間がいっぱいいた。夜中にみなで革ジャンを着こみ、オヤジのクルマで田園調布まで行って、だれかが裸で踊ったり、そこら辺のクルマのホイールキャップをイタズラしてきたり。

みなでクルマの中に下半身丸出しでいたら、信号で止まってしまって隣のバスに大勢乗っていた女子高生にバッチリ見られたこともあった。そんなくだらないことをヤ

マほどしていた。※3

そんな彼らの「たまり場」になったのが、1960年4月10日に六本木の外れ、飯倉にオープンしたイタリアンレストラン「キャンティ」だった。

「今度、うちで店やるからおいでよ」

もともと仲の良かったレーサーでモデルの福澤幸雄を通して知り合った川添象郎《しょうろう》からかまやつは誘われ、店に行って驚いた。店の中は、まるでヨーロッパだったのだ。開店当初は地下だけのわずか20坪。常連たちで、すぐに満員になった。

店主は象郎の父・川添浩史。彼は1913年、伯爵、貴族院議員である後藤猛太郎の庶子として生まれ、学習院から早稲田第一高等学院に入学。同級生にはフジサンケイグループの議長となる鹿内信隆がいた。鹿内は川添を評し「もし、日本にキザな男がいるとしたら、川添はその筆頭」だと語っている。※57

川添は21歳の頃、パリへ渡る。そこで知り合った日本人留学生には、作家のきだみのる、画家の岡本太郎、建築家の板倉準三など錚々たる顔ぶれがいた。その中に、のちに最初の妻となるピアニストの原智恵子もいた。

1940年に帰国した川添は戦後、高松宮邸を転用した迎賓館「光輪閣」の支配人となった。この光輪閣で、「東をどり」を創始した吾妻徳穂が川添の妻・原智恵子のピアノに合わせて日本舞踏を踊るというパフォーマンスを行っていた。それが評判になり1954年に「アヅマカブキ」と題してニューヨークを皮切りに7都市で公演を行い、翌年にはヨーロッパとアメリカ56都市を巡った。この公演のマネージャーを務めたのが川添だった。公演中、4年後に2番目の妻となる岩元梶子と出会う。そうして、川添浩史と梶子は「キャンティ」を開店したのだ。

海外歴が長く、海外の文化に精通した川添の店には、三島由紀夫、黛《まゆずみ》敏郎、小澤征爾、岡本太郎といった当時、時代の最先端を走る文化人・芸能人たちが集まった。イヴ・サンローラン、フランク・シナトラ、マーロン・ブランドなど世界のセレブリティも来店していた。

そんな普通ならめったに会えないはずの人たちに、キャンティへ行くと会える。だから田邊昭知もかまやつひろしも足繁く通い、自然と常連になっていった。キャンティは彼らにとって、外国や音楽、ファッションについての大切な情報源だった。

そんな中で、かまやつや田邊に大きな影響を与えた人物が「サチオ」と呼ばれていた福澤幸雄だ。福澤諭吉の曾孫で、レーサーやファッション・デザイナー、モデルなど様々な肩書を持っていた。彼もまたキャンティの常連だった。

福澤は、音楽に精通しているだけでなく、モデルや服飾の仕事で海外を飛び回っていたから、海外で流行している音楽やダンス、ステップを事細かく教えてくれた。選曲からショーアップまで、初期のスパイダースのブレーン的存在だったのだ。スパイダースのトレードマークとなったダンスは、サチオから教わったものだった。かまやつは彼を「八人目のスパイダース」と称している。※12

新生スパイダース

「俺がお前を雇うよ。いいか、ホリプロが雇うんじゃなくて、俺がお前を雇うんだからな」※58

井上堯之《たかゆき》に田邊昭知はそう言った。井上は1961年、プロのミュージシャンを目指し、何のあてもなく神戸から上京した。上京当日、たまたま訪れた池袋のジャズ喫茶「キサス」で運命の再会を果たす。当時、スパイダースのギタリストだった伊藤源雄だ。神戸にいた頃、一緒にバンドをしていた仲だった。その縁で楽屋に通された井上は、夜のステージにも同行した。そこがジャズ喫茶のメッカ「テネシー」だった。井上堯之がバンドでボーカルだったことを知った田邊は、「歌ってみろ」と命じた。

「うちの店で素人を歌わせた！」と田邊は「テネシー」のママから散々怒られたが、「井上くん、ちょっと来なさい」と近くの喫茶店に呼びつけ、「雇う」と言ってくれたのだ。


こうして井上堯之は「スリー・ジェット」というボーカルユニットのひとりとしてデビューすることになった。当時ホリプロにはスパイダースのほかにキャノンボール、モアナエコーズというバンドが所属していた。その3つのバンドのボーカルが集まって結成されたという名目だった。当時大ヒットしていた映画『ウエスト・サイド・ストーリー』に登場する「ジェット団」のように歌って踊れる男性アイドルグループとして売り出そうとしていたのだ。つまりは、ジャニーズと〝出自〟が同じともいえる。


この井上堯之のテレビ出演をたまたま見ていたのが大野克夫だった。

「京都に天才・大野克夫あり[※59]」

東京まで噂が轟くほど、大野のミュージシャンとしての実力は秀でていた。その頃、彼は「サンズ・オブ・ウエスト」というバンドに所属しながら上京準備を整えていた。

そんな中で「神戸でくすぶっていた堯之が、あっという間に東京でテレビに出とる」ことに衝撃を受けた。[※58]焦燥感を募らせていた頃に届いたのが「うちに来てほしい」という田邊からの誘いだった。その時、大野が出した条件が「ベースを弾いている加藤充と二人一緒なら」というものだった。[※59]田邊に異論があるはずもなかった。

「すみません、田邊さんってどの方でしょうか」
「俺だよ」
田邊昭知と堺正章はそんなふうにして出会った。

堺正章は、堺駿二さんと共演した女優がいて、その人の紹介で俺のところへ来ることになったんだ。「渋谷テアトルというところに行くからお願いします」「分かった」と。行ったら、待ってたよ。休憩時間にトイレに行こうとしたときに、その通路をまっすぐ歩いてきて声をかけてきたのがマチャアキだった。（田邊昭知）

言うまでもなく堺正章は俳優・堺駿二の息子。堺駿二が斎藤チヤ子と共演した際、

「息子が音楽をやりたがっている」と話し、それが堀威夫を通し、田邊に伝わったのだ。まだ高校生だった堺は、一緒にジャズダンスのレッスンを受けていた5歳年上の井上堯之とすぐに意気投合し、「イノ」「マチャアキ」と呼び合う仲になった。ちなみにそのレッスンを一緒に受けた中には新人時代の舟木一夫の姿もあった。その頃、スリー・ジェットはヒットに恵まれることなく自然消滅した。

「お前も、いつまでもスリー・ジェットじゃしょうがないだろうから、明日からスパイダースにボーカルで参加しろ」[※58]

こうして井上や堺、そしてかまやつも正式メンバーとして加入した。そんな中でギターの大野と伊藤が対立。伊藤が脱退することになってしまう。

「お前が明日からリードギターな」

田邊は井上堯之の背中をポンと叩きそう言った。そこから彼は猛練習をし、田邊も驚くほどの努力で急速にギターの腕を上達させていくのだ。

堺はすでに歌手としてはもちろん、司会者としても、その才能を発揮していた。バンドのメンバーみんなが「マチャアキが次に何を言うか」とステージでワクワクしていたと、かまやつは述懐している。[※58]

1966年のザ・スパイダース。左から井上堯之、井上順、かまやつひろし、堺正章、田邊昭知、大野克夫、加藤充（提供：共同通信社）

そんな堺に〝パートナー〟ができたのは、それから程なくしてからだ。

渋谷生まれの井上順である。

中学の頃から学校は休みがちで、毎日のように六本木に出入りし、13歳のときに「六本木野獣会」に参加した。当時、六本木で遊んでいる若者たちは「六本木族」などと呼ばれていたが、野獣会はそのはしり。前述の「キャンティ」や、当時珍しかったハンバーガー店の「ザ・ハンバーガー・イン」や「ロジェ」「レバリー」などを拠点にしていた。女優を目指していた秋本マサミがリーダー格で田辺靖雄、峰岸徹、大原麗子、ジェリー藤尾など、のちに芸能界で成功する才能が集まっていた。渡邊美佐がいち早く目をつけ彼らを歌手、俳優、ダンサーといったひとつのジャンルに精通したプロフェッショナルではなく、何でもできるマルチタレントのグループとして売り出そうと目論んだ。[※57]

その一環で結成された、のちの「ザ・ジャガーズ」の母体となるバンド「野獣会オールスターズ」に井上順も参加した。彼はボーカルとしてジャズ喫茶などで歌い始めた。

ある日、スパイダースは銀座ACBに出演した。休憩中、田邊とかまやつが一緒にブラっと外に出ると道端で自分の靴を磨いている少年に目が止まった。

「スパイダースに入れてください」

それが16歳になっていた井上順だった。彼は野獣会のメンバーに仕立ててもらったジャケットを身に着け、顔立ちも日本人離れしたルックスをしていた。田邊は最初「外国人」だと思ったという。[※60] 持ち歌はあまりなかったが、いわば「二枚目枠」として採用されたのだ。

こうして1964年の初頭には、新生ザ・スパイダースの陣容が固まった。

「お前は二枚目でいかないとダメだ」

田邊は、堺正章に影響されどんどん笑いの方向に行ってしまう井上順をたしなめるが、メンバー全員が笑い好きなスパイダースのステージは、堺・井上順コンビを中心に笑いが溢れるものになっていった。田邊は笑いに関しても厳しかった。MCで一度使ったネタを使い回すことを許してくれないのだ。だから堺はステージで話したことをマメにノートに書いておき、トークの完成度を高めていっていたという。※61

変貌したのは、もちろん笑いだけではない。音楽性も変わり、アンプを持ち込んだエレキの爆音を鳴らし始めた。ところで、井上順に声をかけたのが銀座ACB出演の休憩中と書いたとおり、かつて東洋企画で谷が起こしたクーデターにより、田邊は谷とは袂を分かっていたが、この頃には谷がオーナーを務める銀座ACBに復帰していた。

「これからは、こういう音楽の時代が来るよ※34」

田邊は、そんなエレキの爆音に眉をひそめる銀座ACBのマネージャー・谷エミコにそう囁いた。事実、田邊がドラムのスティックをクルクル回すと女性客は「キャーッ！」と嬌声をあげた。

「エミちゃん、これからはこのサウンドが流行するからね。きっとACBにまた儲けさせてあげるよ※34」

トウキョウ・サウンド

新生スパイダースが誕生した1964年の日本は東京オリンピックに沸いていた。高度成長期の真っ只中で「東洋の奇跡」などと呼ばれる復興を果たした。

その翌年が明けた頃、堀威夫、田邊昭知、そして、ジャズミュージシャン笈田敏夫の弟で日本テレビの音楽班のディレクター・笈田光則の3人は、放送作家の阿久悠にこんな話をした。

「リバプールったって、東京に比べりゃ田舎だよ。人口だって、五十万と一千万。その田舎町の兄ちゃんたちが、リバプール・サウンドって世界へ出られるのだから、一千万の東京を背にして、トウキョウ・サウンドを名乗ってごらんよ。どうなる？　何てったって、去年の東京オリンピック以後、世界のスターは東京なんだから、リバプールなんて、小さい、小さい」[※59]

3人は阿久悠に「トウキョウ・サウンド」をぶち上げた番組の企画書を書かせようとしていたのだ。

もちろん、ここで「リバプール・サウンド」と呼ばれているのはザ・ビートルズだ。この頃、ビートルズはアメリカに上陸し旋風を巻き起こし、日本でも火がつき始めてはいたが、まだまだ知る人ぞ知る存在だった。

田邊昭知がビートルズを知ったのは、その少し前だった。

「ビートルズってバンドがあるんだ。こういうのをやろうぜ」[※12]

かまやつひろしは、興奮して田邊に言った。かまやつは渡辺プロが入っている三信ビルの1階にあった雑貨屋の一角にそれを見つけた。ビートルズのアメリカ盤レコード「ミート・ザ・ビートルズ」があったのだ。

「これだ！」

ジャケットを見ただけで直感したかまやつはすぐに購入し、レコードを聴いてみる。そこから流れる斬新なリズムとキャッチーなメロディとコーラスは、予感以上にかまやつに衝撃を与えた。「近未来が見えたと思った。次に来るもののフックを捕まえたという確信があった。震えるくらいの感動だった」[※12]と振り返っている。すぐに田邊にそのことを伝えると、それから毎日のようにスパイダースのメンバーは、かまやつの自宅に集まりビートルズのレコードを夢中で繰り返し聴いた。

田邊はすぐに堀に「鎌倉の由比ヶ浜に行くと昼間から日本の若い男女が抱き合ってキスしている。世の中変わったんだ」と前置きした上で訴えた。

「我々はビートルズ路線で行く」[※6]

そうしてスパイダースは、エレキギターに持ち替えてビートルズを模した本格的なボーカル・アンド・インストゥルメンタル・グループに変貌していくのだ。

スパイダースのメンバーは、福澤幸雄が買ってきたレコードや横浜のアメリカンスクールの学生が持っているレコードなど、あらゆる手段で最新の音楽情報を仕入れ、それを耳コピし、レパートリーに加えていった。その結果、スパイダースは「日本でいち早くビートルズの新曲を演奏できるバンド」として急速に観客動員を増やしていった。[※58]

エレキブーム

一方この頃、日本ではビートルズよりもベンチャーズのほうが人気があった。1965年に来日すると日本で一大「エレキブーム」を巻き起こした。このブームが若者の間で過熱したことで「不良化につながる」などとあらぬ批判を受け、学校などで、エレキギター禁止令が敷かれるようになり、全国的なエレキ追放運動に発展した。

渡辺プロに所属していた加山雄三が主演した映画『エレキの若大将』が封切られ、その主題歌「君といつまでも」が大ヒット。その映画にも出演した寺内タケシの「寺内タケシとブルージーンズ」は、わずかな期間だがスパイダースのセカンドギターだった加瀬邦彦も加入しブームを牽引した。

だからこの頃、エレキギターを弾くのならベンチャーズ・スタイルを模すのが普通。けれど、スパイダースはそうしなかった。既にビートルズの虜になっていたからだ。だが、それ以上にベンチャーズのような演奏自体ができなかったのだ。リードギターの井上堯之がベンチャーズを象徴する「テケテケテケ……」という奏法が大嫌い。それ故、どうしてもできなかった。

もうベンチャーズなんか追っかけたって間に合うわけない。それで、ビートルズに行くわけ。それが大正解だった。（田邊昭知）

彼らはベンチャーズの「パイプライン」をひとつの〝持ちネタ〟にした。まず井上堯之が目一杯格好をつけて弾き始める。そして、いよいよ見せ場の「テケテケ」のところで「テケ、テケテ…テケテケ」とつっかえ、メンバー全員がずっこける。

「ちょっと、そこのおじさん！　何やっているのよー！　ちゃんと真面目にやってくれ

ないと困るんだよ！　これでギャラは同じだからね。やってられないのよー！」[※58]

そんなふうに堺正章がツッコみ、観客に大爆笑を巻き起こすのだ。

スパイダースは、選曲、振り付けの新しさ、海外情報の早さ、ファッション・センスなどで他のバンドを圧倒。月35本もジャズ喫茶へ出演し、観客動員数で1位のバンドに成長した。

そうした状況の中で生まれたのが笈田光則・演出で阿久悠が構成作家として入った『世界へ飛び出せ！ニュー・エレキ・サウンド』だった。1965年10月から始まったこの番組が、当初の構想にあった「トウキョウ・サウンド」と名乗らずに「ニュー・エレキ・サウンド」になってしまったのは「エレキブーム」の影響に他ならない。優勝者はリバプールでレコーディングできるというのが売りのアマチュアバンドのオーディション番組で、ザ・スパイダースはプロのエレキバンドとしてレギュラー出演した。

この番組は、テレビ番組として成功したとは言い難いが、一組のスターを生み出した。

それが「ザ・サベージ」。同時期に始まったフジテレビの『勝ち抜きエレキ合戦』でも、4週勝ち抜いた実力者で、そのメンバーには寺尾聰（1947年生まれ。ザ・サベージ解散後はソロ歌手として「ルビーの指環」が大ヒット）もいた。彼らは番組の最初の優勝者となり約束どおりレコーディングを行うためイギリスへ旅立った。1966年3月のことだ。ちょうどこの頃、日本の音楽シーンは大きく変わろうとしていた。ビートルズ人気の波がベンチャーズを凌駕し始めていたのだ。

「歌がなきゃもう駄目なんだよ※59」

堀は慌てて国際電話をかけて、インスト曲をレコーディングする気でいるザ・サベージを説得した。この直前までエレキバンド少年たちにとって、歌を入れるなんて「邪道」だという考え方が強固にあった。それを堀は真っ向から否定したのだ。

結果、ザ・サベージはフォーク歌謡ともいえる「いつまでも　いつまでも」を歌い、これがヒットした。思いがけず「GSブーム」の走りともいえるグループが誕生したのだ。

12章　ザ・ビートルズとグループ・サウンズ

ビートルズの前座

「どうする？」

田邊昭知はスパイダースのメンバーを前にそう尋ねた。1966年、遂にザ・ビートルズが来日を果たす。6月30日から3日間、全5回にわたって日本武道館で行われた公演の前座を、ザ・ドリフターズが務めたことはあまりにも有名だ。他にも尾藤イサオ、内田裕也、ジャッキー吉川とブルー・コメッツ、ブルージーンズらが前座として出演している。実はその前座のオファーはスパイダースにも届いたのだ。

この頃、スパイダースはザ・ビーチ・ボーイズやアニマルズといった海外バンドが来日すると前座を務めていた。「どこへ行ってもスパイダースのほうが評価は高かった」※12

とかまやつが自負するように、「外タレの前座といえばスパイダース」という評価が固まっていた。しかも彼らは日本でいち早くビートルズのコピーを始めたバンド。前座のオファーが来るのは当然だった。けれど、話し合いの結果、スパイダースはこのオファーを断った。田邊昭知はその理由を次のように語っている。


本物のビートルズが来て演奏するのに、コピーバンドが前座に出てもしょうがありません。太刀打ちできませんよ。確かにスパイダースは多くの外タレの前座をしていましたが、ビートルズ以外はすべて我々の方が上手いと思っていましたから、外タレのオリジナルだろうと何であろうと、前座で演奏していました。

ただし、ビートルズだけは特別なのです。[※58]

ビートルズ招聘に成功したのは言うまでもなく永島達司だ。その顛末は野地秩嘉が著した『ビートルズを呼んだ男』に詳しいため概要だけに留めるが、野地によると事の経緯は次のようなものだった。

永島のもとにビートルズのツアーマネージャーであるビック・ルイスから国際電話が

かかってきたのは１９６６年3月14日のことだった。

「実はビートルズが日本に行きたいと言っている。コンサートをやってくれないか」

〝呼び屋〟にとって願ってもないこの申し出に対し永島の脳裏に浮かんだのは「できればやりたくない」という意外なものだった。もちろんプロモーターにとって当時のビートルズは何としても呼びたいタレントだ。事実、多くのプロモーターがビートルズ招聘に向けて動いていた。だが、永島はそんな状況を静観していた。確かにビートルズを呼ぶことができれば大きな話題になり、プロモーターとしても箔がつく。莫大な収益を得ることもできるだろう。けれど、リスクのほうが大きいと永島は考えていた。ビートルズとなればギャラも高騰するだろう。ならば闇ドルを集めなければならない。税務署から目をつけられるのは必至だ。それに熱狂的なファンが多い。暴動になる恐れだってある。そんなリスクを負うのなら、これまでどおり地道に確実な利益を生む興行を続けたほうがいいに決まっている。

永島は断るつもりでいた。しかし、彼の会社「協同企画」内では「やりたい」という声が大勢だった。

3月22日、永島はビートルズのマネージャーのブライアン・エプスタインと打ち合わせるためにロンドンに飛んだ。「タツ！」と抱きついて迎えたのはビック・ルイスだった。ルイスと永島は旧知の仲だったから話は早かった。

永島が会場に日本武道館を提案。そのキャパを元に算出し、入場料を10ドルにしたいと提案するとブライアンは「どうしても6ドル以下にしたい」と言った。ティーンエイジャーに負担にならない額にするというのがビートルズのポリシーだというのだ。大きな条件はそれだけだった。ビートルズのギャラは安くて構わない。全体の売り上げから、プロモーターの利益と経費を引いた額でいいという破格の条件だった。実にあっさりとビートルズ招聘が決まったのだ。

問題になったのは会場を日本武道館にするということだった。いまではアーティストの殿堂のようになっているが、当時はあくまでも武道を行う会場。特に右翼活動家や右派系の政治家が、神聖な日本武道の殿堂を海外のミュージシャン風情が使うとは何事かと反発した。これには主催である読売新聞社主の正力松太郎までが右翼に配慮し「日本武道館ではやらせない」と放言してしまったのだ。

正力は永島を呼び出し、丁寧な口調で言った。

「まことに申し訳ない。なんとか後楽園球場にならないだろうか」

後楽園は武道館よりキャパは大きいが、雨が降ってしまえば公演を中止にせざるを得ない。警備の問題もある。しかも、既にチケットは印刷している。困り果てた永島だが、読売新聞の企画局長の村上徳之から「ロンドンへ行って、ただ帰ってくればいい。ビートルズに断られたと言えばそれで済む」と助言を受けその通りにすると、正力は一言「わかった」と言っただけで話は終わった。

一転して正力は反対していた政治家や右翼を説得に回った。それどころか警察庁長官からも総力を挙げて警備する約束まで取り付けた。※42 こうして日本音楽史に残る伝説の公演が実現したのだ。

洋行作戦

「ビートルズが出てきたせいで、とにかく僕が好きだったミュージシャンや楽曲が一夜にして懐メロになってしまった」※6

アメリカン・ポップスを愛するコラムニストの亀和田武の恨み節にも似たその証言が、ビートルズが日本の音楽シーンに起こした影響の大きさを端的に示している。

「今のスパイダースは、ベニヤ板にコンクリートの壁を塗ったような偽物なんだ。これ

からは本物の鉄筋のビルになろうじゃないか」[※58]
ビートルズ来日で刺激を受けた田邊昭知はメンバーたちへ奮起を促した。いよいよ〝本気〟で世間で「売れる」ということを意識し始めたのだ。
それには日本語のオリジナル曲が不可欠だった。
それまでもスパイダースはオリジナル曲をリリースしている。それは『世界へ飛び出せ！ニュー・エレキ・サウンド』が始まる少し前にクラウンからリリースされた、かまやつひろし作詞・作曲の「フリフリ」だ。B面は番組のために作られた「モンキー・ダンス」。これに詞をつけたのが、この曲で作詞家デビューを果たす阿久悠。このレコードがホリプロが立ち上げた音楽出版会社「東京音楽出版」の第一号管理楽曲となった。しかし、これはヒットにはつながらず、番組から飛び出したアマチュアバンドのザ・サベージに先を越されることになってしまった。
「堀君。夕焼けというのは、お陽さまが泣いているんだよ」[※23]
ハマクラこと浜口庫之助のロマンチックな一言に感動した堀威夫は、それを元にした楽曲の制作を依頼した。それがスパイダースの最初の大ヒット曲となる「夕陽が泣いている」だった。しかし、当初メンバーはこの曲を歌うことに難色を示した。何しろいかにも日本の歌謡曲で、彼らが志向する英国ポップスの香りがまったくしなかったからだ。それでも、かつて阿久悠に「やっぱり言葉よ。俺は待ってるぜ、みたいなキマル言葉をどっかに持ってなきゃ[※59]」と石原裕次郎のヒット曲を持ち出して言ったという田邊昭知は、「バラが咲いた」「星のフラメンコ」などヒット曲を連発するハマクラの持つ言葉の力を信じた。

メンバーを鼓舞し一丸となって3日間ぶっ続けでレコーディングのための練習を繰り返した。「後にも先にもスパイダースがレコーディングのために練習したのは、この一度きり[※58]」だという。それだけ、この曲に賭けていたのだ。

歌謡曲調のこの曲をいかにロックテイストを加えて、スパイダースらしさを出すか。リズムやアレンジをすべて洗い直し、ようやく完成したレコードの発売は9月15日。ビートルズ公演からわずか2か月半後というスピードだった。

通常なら、このリリースに合わせ大々的なプロモーションを行う。しかし、スパイダースはそうしなかった。なんとそのプロモーション期間、スパイダースはヨーロッパに旅立ったのだ。

それは田邊昭知の戦略だった。

22日間におよぶヨーロッパ・ツアーを敢行し、海外公演の実績で箔をつけ〝逆輸入〟する、いわゆる「洋行」作戦だった。

「おいおい、なんだ。あの女の子たちは」

「すげえな。ビートルズでも来るんじゃないのか」[※12]

ヨーロッパ・ツアーを終えて帰国したスパイダースを空港で迎えたのは、ものすごい数の若い女性たちだった。田邊の思惑通り、スパイダースが日本にいない間に「夕陽が泣いている」が大ヒットし、戻ってくる日を渇望される大スターへと変貌していたのだ。テレビやラジオ、雑誌などあらゆるメディアから取材、出演依頼が殺到し、彼らが向かうところには必ず人だかりができた。

「俺たちビートルズになったみたいだね」

ビートルズに憧れた青年たちは、本当にビートルズのような人気を手に入れたのだ。

いちばんの強敵

ちょうど同じ頃、海外に長期滞在していたグループがいた。ジャニーズである。1966年の夏の終りから4か月にわたってロサンゼルスに滞在していたのだ。ミュージカル『焔のカーブ』を終えた彼らに「踊りと歌のレッスンをしつつ本場の空気を四人に味わわせたい」[※52]というジャニー喜多川の思いからのものだったが、アメリカのゴールデンタイムの音楽番組『ハリウッド・パレス』への出演が持ち上がるも立ち消えになったり、ここでレコーディングする予定の「ネバー・マイ・ライフ」の発売が中止になってしまったりと不運が重なった。

スパイダースにとってこの当時「いちばんの強敵」はジャニーズだった、とかまやつは振り返っている。[※12]そんなジャニーズが不在の間にスパイダースは一気にジャニーズや御三家を凌ぐアイドル人気を獲得したのだ。

御三家の中で元々バンドマンで出自がもっとも近い西郷輝彦は、彼らの音楽を聴き、すぐに「やられてしまうかもしれない」[※50]という予感を抱いた。その予感通り御三家ブームは終焉に向かっていく。代わりに興ったのがスパイダースが牽引する「グループ・サウンズ（GS）ブーム」だった。ちなみに「グループ・サウンズ」という言葉は1967年初頭に『明星』などの集英社系芸能誌で使われ始め定着していったという。

堀はスパイダースがブレイクするのを見越して準備を怠っていなかった。ロカビリーブームで「質だけでも量だけでも駄目」と思い知った経験から、ヴィレッジ・シンガーズ、パープル・シャドウズ、オックス、ザ・モップス、ザ・ダーツなどのグループを次々にスカウトしていた。スパイダースが弾けた時点で一気にデビューさせる目論見だった。

あの頃、芸能プロで1番はなんと言っても渡辺プロだった。それで普通は2番はどこ、3番はどこってなるんだけど、実際のところ1番の次は101番から始まる。それくらい差があったんです。だから101番以下の僕らは一生懸命努力して、相撲で言えば横綱と取組のできるところまで行かなきゃいけないというのは、もともと言っていたんです。そういう思いがグループ・サウンズにつながっていくんです。（堀威夫）

1967年に入るとGSブームが音楽シーンを席巻していく。そのGSブームの中で、ホリプロは50パーセントに近いシェアを誇ることになるのだ。

GS御三家

ブーム当初、スパイダースとともにGSブームを引っ張っていたのは、渡辺プロと提携していた大橋プロダクション所属のジャッキー吉川とブルー・コメッツだった。

ブルー・コメッツが結成されたのは、1957年のこと。ここでも重要な役割を果たしたのが、協同企画の永島達司だった。彼が、その頃活躍していたバンドのリーダーたちを集めて結成させたバンドこそ、ブルー・コメッツだったのだ。その中には、のちに大橋プロを設立し裏方へ回ることになるベースの大橋道二もいた。この初代ブルコメにバンドボーイとして参加したのがジャッキー吉川だった。

ジャッキーは初代ブルコメのドラマー・ロジェ滋野からドラムのイロハを習い、やがてブルー・コメッツのバンドリーダーになっていった。1963年にはブルコメの音楽的支柱となる井上大輔が加入。翌64年に三原綱木が加入、小田啓義が復帰、1965年に高橋健二も復帰し、ブレイク時の5人が揃った。当初、彼らは尾藤イサオや鹿内タカシらのバックバンドとして活動し「日本一の伴奏バンド」を目指していた。[※62]『ザ・ヒットパレード』にはバックで演奏するコンボとしてレギュラー出演するようになり力をつけていった。

1969年のブルー・コメッツ。左からジャッキー吉川、三原綱木、小田啓義、井上大輔、高橋健二（提供：朝日新聞社）

その頃、〝事件〟が起きた。新潟での公演で尾藤イサオが寝坊で電車に乗り遅れてしまったのだ。だが、公演を中止するわけにはいかない。仕方なくインスト曲を演奏するが、客は不満げ。そこで名乗りをあげたのが井上大輔だった。

「俺、『ブルー・ムーン』だったら歌える」※62

井上のボーカルにメンバーがコーラスをつけて演奏すると思いの外、観客から喝采を浴びた。ここにボーカル＋コーラス＋エレキバンド「ブルー・コメッツ」が誕生した。ブルコメは1966年、井上大輔作曲のオリジナル曲「青い瞳」をリリース。これが『ザ・ヒットパレード』などでのプロモーションが功を奏してヒット。「GSは『青い瞳』から始まった」などともいわれている。

このブルコメのブレイクに大きな役割を果たしたのがマネージャーの存在だった。

「おいジャッキー、銀座の洋服屋に口八丁手八丁の面白い男がいるんだけど、行ってみないか※62」

ジャッキーは鹿内タカシからそんなことを言われて、その男に会ってみた。東宝の大部屋にいた端正な顔立ちをした男。噂どおり弁も立つ。鹿内とジャッキーは、その男をマネージャーとしてスカウトした。その男こそ川村龍夫である。川村は旧態依然とした付き人的マネージャー像から脱却し、すぐにマネージャーとして天賦の才を発揮。ブルコメを人気バンドへと押し上げていった。

そして1967年3月、GS最大のヒット曲といわれる「ブルー・シャトウ」をリリース。スパイダースとともにGSの頂点に立った。「ブル・スパ」という言葉も生まれ、雑誌などでの対談でもかまやつひろし×井上大輔、田邊昭知×ジャッキー吉川などの企画が多く組まれ、番組やコンサートなど共演も多かった。だから「ブルー・コメッツは演歌だろ」「スパイダースは物真似だろ」などと何でも言い合えるライバルであり戦友だった。

渡辺プロもGSブームを指をくわえて見ているわけではなかった。この2組に割って入ってくるような形でGS人気の頂点に躍り出たのが渡辺プロ所属のザ・タイガースだった。

『週刊明星』の1967年8月6日号に掲載された「荒れ狂うタイガース！」という巻頭記事のリード文には「タイガースが人気・実力ともにブルー・コメッツ、スパイダースと並んだときにグループ・サウンズの黄金時代がくる——以前からこういう観測が行われていた。今やタイガースの人気はこの先輩2グループと完全に肩を並べ、ある点ではそれをしのいでいる。グループ・サウンズに御三家時代が来た」と綴られ、本文には「最近ではジャズ喫茶の仕事でタイガースといっしょだと聞くと、ブルコメもスパイダースも出演を断っている」という真偽不明の証言まで載せられている。

ザ・タイガース

「プロになるのは、そう簡単なことではないからね[※58]」

堺正章は、客席にいた5人の少年に向かって言った。大阪の厚生年金会館で行われたファンクラブの集いでのことだ。客席のほとんどは若い女性たち。そんな中で最前列に

5人の少年が並んでいるのはただでさえ目立ったが、何より彼らはオーラを放っていた。

「君たち、バンドをやっているの？」

声をかけずにはいられなかった。

「はい、京都でファニーズというバンドをやってます」

そう答えたのが沢田研二だった。彼らはスパイダースに魅了され、ファンクラブに入っており、その後は京都から銀座ACBの公演まで観に来るようになった。スパイダースのメンバーも頻繁に観に来る彼らと話しているうちに仲良くなり、その甘いルックスからもスターになる予感がしたため、スカウトしようという話になっていた。しかし、その寸前で渡辺プロが彼らのスカウトに成功したのだ。

彼らを大阪のジャズ喫茶「ナンバ一番」で〝発見〟したのは、内田裕也だった。内田はすぐに渡辺プロに彼らの存在を伝えると、4期生の中井國二が大阪に飛び、彼らを獲得した。

「すべてを任せたいグループがいるのでよろしく頼みます」[※8]

晋は、フジテレビのすぎやまこういちに頭を下げた。

ちょうどこの頃、すぎやまは作曲家に専念する準備を始めていた。その足がかりとして格好の相手だった。すぎやまは彼らを「ザ・タイガース」と名付けると『ザ・ヒットパレード』に出演させ、それを置き土産にフジテレビを退社した。

すぎやまがタイガースに与えた最初の曲は「僕のマリー」。それまで彼らの歌ってきたワイルドな曲調とは違うバラード調。沢田研二の甘いマスクが映え、都会的で洗練された貴公子のようなイメージを押し出した。コシノジュンコが手掛けた衣装もそれを後押しした。タイガースでリズムギターを担当した森本太郎はすぎやまについて「先生はなんか楽しんでいながらタイガースにはこれが面白いなとか、ある種の部分ではプロデューサーの感覚。5部作とかいって『僕のマリー』『シーサイド・バウンド』『モナリザの微笑』『君だけに愛を』『花の首飾り』と5つの作品まではちゃんと計算してたって話を聞いたことあります[※44]」と回想している。

タイガースは１９６７年2月5日にレコードデビューするとGSブームの波に乗ってまたたく間に売れていき、一気にそのトップに君臨していったのだ。

GSが起こした革命

このGSブームで息を吹き返したのが日劇ウエスタン・カーニバルだ。

GSのバンドを集めたカーニバルはもはやウエスタンとは縁もゆかりもない音楽だったが、タイトルはそのまま「ウエスタン・カーニバル」。そこで各バンドの親衛隊たちが熱烈な応援をして競い合った。〝敵〟のバンドの演奏時には舞台にガラス瓶が投げられるほど過激なものだった。[※34]

日劇ウエスタン・カーニバルにロカビリーブームの頃の活況が蘇り、第2次黄金期を迎えたのだ。

タイガースのリーダー「サリー」こと岸部一徳は、GSブームを「僕の実感でいうと、片一方では女の子相手のミーハーなブームでしたけど、片一方では学生運動とかで騒然としている時代ですよね。その空気と通ずるところもあって」[※6]と回想している。

長髪だという理由だけでNHKに出演できない時代。ライブ会場の入り口で、学校の先生が自分たちの生徒を追い返すというようなことも行われ、岸部はテレビのワイドショーでアンチGS派の論客と対決までさせられた。その時、彼が言った「きれいな大人に僕らはなるんだ」という一言が、のちに沢田研二が作詞した「Long Good-bye」に「僕らはきれいな大人になれたかな」という一節として引用された。大人たちからは「反社会的」と見なされ、学生運動をやっているような若者からは「軽薄な奴ら」と批

1969年のザ・タイガース。左から森本太郎、瞳みのる、岸部四郎、岸部一徳（岸部修三）、沢田研二（提供：共同通信社）

判されてしまっていたのだ。

　そうしたイメージが、人気とは裏腹に「ビートルズのものまね」という批評と相まってGSの音楽的価値を不当に貶めてしまった。

　しかし、すぎやまはそうした批判を真っ向から否定する。ビートルズはポピュラー音楽の世界にクラシック音楽のエッセンスを持ち込んだ革命だった。「GSはビートルズをまねしたのではなく、ビートルズと同じような方法論でポピュラー音楽を変えた」[※6]と、すぎやまは論じる。GSが歌謡曲化したのではなく、スリーコードの歌謡曲の世界に新しいジャンルを確立し、それまでのビッグバンドで歌の伴奏をする歌謡曲とは違う、バンドとボーカルというフォーマットができあがったのだと。このフォーマットは現在に至るまでポピュラー・ミュージックの主流となっている。

GSブームがもたらしたものは音楽面の革命だけではない。GSによって「経済的にも組織的にも、芸能プロダクションは変質[※6]」したと堀は言う。渡辺プロ以外の芸能プロはギリギリの戦いを強いられてきたがGSブームで経済的に潤い、地盤を固めることができた。そして、ロカビリーブーム時代から崩れつつあった専属作家制度はGSでほぼ完全に崩壊した。さらには自分たち自身で自分たちの歌いたい曲を作るというシンガーソングライターが生まれる引き金ともなった。

ロカビリーブームで壁が破れ、GSブームで戦前から脈々と続いた旧体制がついに崩壊し、現代の音楽業界・芸能ビジネスの形が完成したのだ。

歌い手くずれ

ちょうど日本でビートルズ旋風が吹き荒れていた頃、思わぬ曲がリバイバルヒットを果たす。それが平尾昌晃が自身で作曲した「おもいで」だ。元々、ロカビリーブームが残る1961年にリリースした曲だったが、「ミヨちゃん」のヒットの陰に隠れそれほど売れていなかったところ、時を経て北海道のラジオ局から火がつき、平尾が再度、脚光を浴びることとなった。だが、これで歌手・平尾昌晃の〝復活〟とならないのが芸能界の厳しいところであり、面白いところ。代わりに彼は「作曲家」としての才能を認められるのだ。

渡辺プロはこのリバイバルヒットに目をつけ、売出し中の歌手・布施明と組ませることを思いつく。布施に「おもいで」をカヴァーさせ、すぐに平尾作曲の2曲目、3曲目をリリースしていくという構想だった。

まだ20代後半。平尾には歌手としての未練もあった。けれど身体が丈夫ではなく、経済的な事情もあった。そして何より、その少し前、拳銃所持で逮捕され表舞台から消えた頃、熱心に作曲活動を勧め支援してくれた恩人の存在もあった。

これでいいのだ。

平尾は、自分に言い聞かせて作曲家に〝転身〟した。[※63] 布施と組んだ3曲目の「霧の摩周湖」と梓みちよの「渚のセニョリーナ」で第9回日本レコード大賞作曲賞を受賞し、その道が間違っていなかったことを証明し、その後も数多くのヒット曲を生み出していった。

平尾同様、ロカビリー歌手から裏方に転身し大成したのが飯田久彦だ。「ルイジアナ・ママ」が大ヒットを記録しアイドル的人気を誇ったが、その後は鳴かず飛ばず。キャバレーなどを回る営業の日々を送っていた。けれど心の中には「歌は一生の仕事ではない」という思いが募っていた。

ホリプロの東京音楽出版から「音楽経験者がいいから、おまえ、もし歌を辞めるんだったら入れ」とか、平尾さんの事務所から誘われたりなんかはしたんですけど、ありがたい話なんだけど、やはりそういうところにいると甘えちゃうし、よくないなと。つらいけど全然知り合いのないところで仕事をさせてもらおうと思ったんです。レコード会社でどこかディレクターとして雇ってくれるところはないかなと思って、それである人を通じてビクターレコードを紹介してもらったんですけど、最初はアルバイトでやってみろと。あの頃、給料を皆さんは20万とかもらっていたのが、僕は交通費とか一切何もなくて、10万でアルバイトをしてました。（飯田久彦）

飯田はビクターにアルバイトとしてディレクターの見習いを始めたが、周囲は彼に冷たい視線を送った。どうせ、1か月やそこらで辞めるだろうと思われていたのだ。

その頃はレコード会社のディレクターというのは、肩で風切って歩いていましたから、やっぱりいろいろ言われましたよ。「おい、この歌い手くずれ」とかね。でも、「歌い手くずれ」って言い得て妙だよなとかって思ったりしながら、そういうことが何かエネルギーになったというのはありますね。（飯田久彦）

飯田はディレクターの見習いをしつつも、夜はキャバレーで歌っていた。歌手としての未練もあったのだろう。だが、28歳のときだ。酒を飲み帰宅した飯田は、歌手の命である譜面とステージ衣装をすべて大きな裁ちバサミで泣きながら切り刻んだ。歌手としての未練を断ち切ったのだ。

そこから飯田はディレクター業に邁進していった。[※64]「歌い手くずれには歌い手くずれのやり方がある。きっと見返してやる」と。

歌手時代は、自分でオリジナルも何曲か歌ったんですけど、一向に売れないんですね。それで「次におまえ、これ歌え」とディレクターから言われて、何で私がこういう歌を歌わなくちゃいけないんだろうなって、ちょっと首を傾げるような場面が幾つかあったんです。ああ、そうだ、私がもし裏方になってアーティストを担当するんだったら、もっと時代背景とかアーティストの声だとか特徴だとかキャラクターだとか、そういうのを研究して物をつくるんだって。（飯田久彦）

1975年、ビクターに正式入社。田中星児「ビューティフル・サンデー」を皮切りに、松崎しげる、ピンク・レディーからSMAPに至るまで数多くのアーティストを手掛ける「歌い手くずれ」、いや「歌い手上がり」の名ディレクターとなったのだ。

森田健作の発見

GSブームは1967年をピークに下火になっていった。玉石混交な数多のグループが氾濫したためとも、オックスの「失神」のような過激で過剰なパフォーマンスがブームの終息を決定づけたともいわれているが、いずれにしても音楽シーンはまた新たなブームを模索していくことになる。

そんな中、新しい動きを見せたのが相澤秀禎だ。

手塩にかけた西郷輝彦の人気もＧＳブームの勢いに押されて翳りが見えてきていた。新たなスターを発掘しなければならない。とはいえ、西郷は日本を代表するスター。彼にかかりっきりだった相澤は、西郷のバックバンドを務めていた福田時雄にスカウトを一任した。彼は「日劇ダンシングチーム」の楽屋に遊びに来た少年に目をつけた。少年はダンサーの姉を訪ねて来たのだが、楽屋に入るなり、寝転んでいたダンシングチームの女性が３人も立ち上がって彼に釘付けになったというのだ。

「オウ！　ユー、ＯＫ？　オゥオゥいいじゃん、頑張れよ！」

相澤は福田に連れられてきたその少年を一目見て、そう言った。[※25] 学生服に高下駄というバンカラな格好、ボサボサの髪の毛、その風貌は強烈だった。新しい時代の若者の生命力にあふれていた。

これはイケる！

相澤は確信した。水面下では、黛ジュン主演で相手役は西郷輝彦という映画『夕月』の企画が立ち上がっていた。しかし、西郷のスケジュールはいっぱいだった。そこで相手役が一般公募ということになったが、その少年にオーディションを受けさせ、合格した。少年は、役名をそのまま芸名にしてデビューする。森田健作である。

当時、相澤が西郷をマネジメントしていた会社は、西郷の父親が社長を務める日盛プロダクション。つまりは、西郷輝彦の個人事務所だ。従って、西郷にとっては相澤が新人を育てるために大金や時間を投じるというのは寝耳に水だった。しかも、自分への企画だったはずの映画にその新人が出るというのだ。不信感が募って当然だった。一方で、相澤にしてみれば、将来を考えれば西郷だけで芸能界を生きていくのは難しい。蜜月だったふたりの関係は考え方の違いで、もはや修復不可能にまでギクシャクするようになっていった。

「二つに一つにしよう。ウチの事務所で新人もやるか、それともあなたが出て行って一人で新人の世話をするか、だ。どうする?」

西郷輝彦は最後通牒を突きつけた。相澤の答えは決まっていた。

「キミと別れてやりたい[※50]」

こうして1968年11月27日、相澤秀禎は日盛プロと西郷輝彦と袂を分かち、「サンミュージックプロダクション」を設立する。翌年、『夕月』が公開され、森田健作は一躍スターの仲間入りを果たした。

解散

「向かうところ客なし！」[※58]

GSブームが下火になっていた頃、堺正章が持ちギャグのように言っていたのがこのフレーズだ。

ブームが落ち着くと、スパイダースの面々はそれぞれ方向性が変化していく。この頃、田邊はこんな風に語っていた。

「ぼくたちは、いつまでもGSのスパイダースだと思ってるんだ。でもね、ひとつのワクには、はまりたくない。大きく手をひろげ衰退説をぶっとばしてやりたいんだ」[※65]

堺と井上順はドラマやバラエティ番組の司会などタレント業に類まれな才能を開花させる。井上堯之とかまやつひろしはミュージシャン志向を強め、大野克夫は作曲家としての才能を発揮するようになっていった。つまり、〝バラ売り〟化が進んでいったのだ。[※58]

そんな中で田邊昭知は1970年5月1日、引退を発表した。マネジメント業に専念するためだ。

田邊は、遡ること1966年5月には既にスパイダースのマネジメント会社として「スパイダクション」を設立していた。

ホリプロは2階だか3階だかあったんだけど、1階に三角に仕切られた掃除道具入れ場があるんだよ。堀さんに「お前がプロダクションをやるなら、そこを昼間使っていい」と言われた。それで、マネージャーひとりと自分とで、そこに黒いダイヤル電話を一本引いて始めたの。帰るときには、そのダイヤル電話と小さなテーブルを部屋から出して、モップだのバケツだのを入れて帰る。最初の半年間くらいはそこでやってた。（田邊昭知）

タイガースもスパイダクション新人第一号としてスカウトしようとしていたのだ。しかし、渡辺プロに先を越され、彼らが大ブレイク。その対抗馬としてスパイダクションがデビューさせたのが、「ショーケン」こと萩原健一を擁する「ザ・テンプターズ」だった。彼らは田邊の思惑どおりタイガースのライバルとしてGSブームを代表する存在になった。

そんな成功を受けて、田邊はプレイヤーとしての引退を決意したのだ。最後の大きなステージは5月2日から8日までの日劇ウエスタン・カーニバルだったが、特に〝引退記念公演〟などは行わず、5月31日の銀座ACBでのステージを最後に静かに去っていく田邊昭知らしい幕引きだった。引退会見で田邊は以下のように語っている。

「おかげさまでスパイダースはグループとして成長しました。その後、マチャアキと順之（註：井上順の当時の芸名）のドラマ出演も成功をおさめています。ボクはこうしたメンバーのキャリアをさらに大きく、変化に富んだものとして育てていきたいのです。引退して、社長業に専念することは、グループのためにもいいことだと、決心を固めたのです[※66]」

田邊昭知はこのとき、31歳だった。

しかし、田邊のそんな思いとは裏腹に、ブームが去りそれぞれの道に歩みだしたスパイダースをまとめるのは想像以上に難しかった。

「おまえ、こんなことしていると会社潰れるぞ」って言っていたんだよ。あいつの考え方でやったんじゃ必ず潰れると思ったから。そしたら本当にすぐに潰れちゃった。

（堀威夫）

もともと田邊は厳しいリーダーだった。人気絶頂のときでも田邊は毎日のようにミーティングをし、「いいか、この芸能界で生き残るためには何が必要か分かるか？」などと説教し、灰皿が飛んでくることもしばしばだった。「ファンの女の子には絶対に手を出さない」ことが厳命され、ホテルからの外出禁止令が出るほどだった。※58 勢いがあるときは無我夢中だから我慢できる。だが、人気が落ち着き、それぞれが自立していくとそんな締め付けに反発が生まれてしまう。

しかも渡辺プロのタイガースと比べて、給料面で仕事量の差以上の大きな差があったことも判明。疑心暗鬼とそれぞれの方向性の違いが重なり、メンバーは空中分解した。

同時期にタイガースとテンプターズも解散発表をし、何よりこの年、ビートルズが解散した。GSは終焉を迎えようとしていた。ブレーンであり精神的な支えでもあった福澤幸雄も前年にテスト走行中の事故で亡くなっていた。

そして1970年12月、スパイダースは解散を発表。翌年1月、日劇ウエスタン・カーニバルのステージを最後に解散するのだ。

それに伴い、田邊はスパイダクションも解散した。本来ならプロダクションまで畳む必要はない。けれど、それがメンバーたちの自身への不服に対する田邊なりの回答だった。それでも田邊は、メンバーが路頭に迷わぬようブルー・コメッツのマネージャーで旧知の仲だった川村龍夫らに声をかけた。

俺はプロダクションを辞めるから、堺は大橋プロで番頭だった川村龍夫に預けた。それで彼は「エスダッシュ」を作る。井上順は「オー・エンタープライズ」を作る小野英雄に預けた。彼はスパイダースのマネージャーをやってたんだ。あとの大原麗子とショーケンと井上堯之と大野克夫はみんな渡辺プロ傘下の渡辺企画が持って行っちゃった。（田邊昭知）

この結果、スパイダースの井上堯之と大野克夫、ザ・テンプターズの萩原健一、大口広司、ザ・タイガースの沢田研二と岸部一徳というGSのドリームチームのようなバンド「PYG」が1971年に生まれるが、「商業主義」のレッテルを貼られファンから反発を受け、わずか半年余りの活動で自然消滅していった。

一方、かまやつひろしは、主戦場をフォーク・ソングに移し、フリーとして活動していく。

田辺エージェンシー

「お前、東京音楽出版に来い」

田邊は、メンバーのその後のことは気にかけていたが、自分自身の身の振り方は考えていなかった。そんな時、声をかけてくれたのはやはり、この世界に入ってからずっと兄貴分として慕ってきた堀威夫だった。東京音楽出版はホリプロが百パーセント出資した子会社だ。

それで東京音楽出版の雇われ社長を2年やったんです。「俺、出版なんかできないよ」って最初に言ったの。俺は何円何十銭とか印税がどうとか著作権とか、そういう数字にも弱いし興味がないって。それでも「分かってる」って言うんだよ。「じゃあ何で雇うの、ボランティア?」って言ったら、「いや、そんなことない」と。あの人、そういうところははっきりしているから。「おまえは一度売れたんだよ、スパイダー

スとスパイダクションで。それでこっちにもメリットがある」って。（田邊昭知）

東京音楽出版で雌伏の時を過ごした田邊昭知は遂に1973年4月4日、「田辺エージェンシー」を設立するのだ。

戻ってきたのは川村だけだよ。外でやるなんて合理的じゃないからって言って戻ってきてくれた。（田邊昭知）

川村と堺正章が作った「エスダッシュ」は田辺エージェンシー傘下の個人事務所として提携。かつてスパイダースのライバルだったブルー・コメッツのマネージャーだった川村との二人三脚がここから始まるのだ。田辺エージェンシーの副社長として辣腕を振るった川村はその後「ケイダッシュ」を創設し、芸能界の重要人物のひとりとして活躍していくことになる。

快く田邊昭知の独立を認めた堀威夫は言う。

田邊も、皆が寝返ってひとりになったと冷静になったときに、人間がワンランク上がったんじゃないかと思いますよ。（堀威夫）

田邊は自らのプレイヤーとしての芸能生活を「おれはね、芸能界がどうしょうもなくきたないいやな所だったら、こんな仕事ははじめなかったよ[※67]」と振り返っている。そういう世界だと思えた大きな要因のひとつが堀威夫のような信頼のおける仲間との出会いだったのだろう。ふたりはデビュー以来、裏方に回ってもその関係性はずっと変わらなかった。そして田邊はプロダクションを始めた頃の決意をこう語っている。

「音楽をやっている者が人間を拒否したらね、なんにも残らないんだ。おれはね、たとえ、売れているタレントがひとりもいないプロダクションのオヤジになっても、あそこには田辺がいるからって、他人に安心感を与えられるような社長になりたいんだ[※67]」

終章　サヨナラ日劇ウエスタン・カーニバル

ローリング・オン・ザ・ロード

1981年1月22日から25日まで「サヨナラ日劇ウエスタン・カーニバル」と題して最後のウエスタン・カーニバルが開催された。同年2月に日本劇場が施設の老朽化と東京都の再開発事業に伴い閉館するためだ。

このイベントを仕切ったのは、堀威夫、渡邊美佐からバトンを引き継いだ田邊昭知だった。内田裕也とともにプロデュースした。構成・演出には山本紫朗が復帰。

オープニングにはブルー・コメッツが登場し、その後、ザ・ワイルド・ワンズ、ダニー飯田とパラダイス・キング、寺内タケシとブルージーンズ、寺本圭一、山下敬二郎、小坂一也とカーニバルを盛り上げた面々が次々に登場し、この公演限定で復活したザ・スパイダースがステージに上がる。このときばかりは田邊もドラマーとして演奏に参加した。堺正章は「みなさんにとても悲しいニュースをお知らせしなくてはなりません。スパイダースは今日をもってカイサンします」[※68]と大いに笑わせた。

同じく10年ぶりに再結成されたザ・タイガースが現れると観客の興奮は最高潮に達し、

1981年の「サヨナラ日劇ウエスタン・カーニバル」。ステージ中央が同イベントのプロデューサーを務めた内田裕也（提供：毎日新聞社）

最後は萩原健一が締めくくった。フィナーレはショーケンの「ローリング・オン・ザ・ロード」を出演者全員で歌い、無数の紙テープが飛んだ。

まさにローリング・オン・ザ・ロード。これまで見てきたように様々な紆余曲折を経て彼らは「芸能界」を生きてきた。

「サヨナラ日劇ウエスタン・カーニバル」を田邊とともにプロデュースした内田裕也は、「80年まで続いてきている連中は、みんな日劇出演組[※69]」と言っているが、それは裏方に回った人たちも一緒だった。

すべては日劇ウエスタン・カーニバルから始まった。

ロカビリーブームとGSブーム、そのふた

つの衝撃によって、戦前からあった旧来の音楽業界・芸能界の不文律は崩壊し、新たな現代的な芸能ビジネス、「芸能界」が成立した。日劇ウエスタン・カーニバルでまばゆい光と歓声を浴びた人たちが、裏方に回り今度は陰になって光り輝くスターを生んでいくようになったのだ。

もちろん、そこで終わったわけではない。流転し続ける。

月曜戦争

激震が起こり新たな局面を迎えたのは、田邊がちょうど田辺エージェンシーを設立した1973年だ。

2年前の1971年に始まった日本テレビのオーディション番組『スター誕生!』は、ホリプロが獲得した森昌子がスターになるなど人気を集めていた。タレントの発掘・育成までテレビ局に主導権を持っていかれると芸能プロの力が弱くなってしまうと危機感を募らせた渡邊晋は、これに対抗して1973年、NET(現・テレビ朝日)で『スター・オン・ステージ あなたならOK!』を企画した。この番組が月曜20時から21時の放送枠で開始されることとなり、慌てたのは日本テレビだ。裏番組では渡辺プロの歌手が多数出演していた『紅白歌のベストテン』が放送されていたのだ。それでも協力を求めてきた日本テレビのプロデューサーに向かって、こう言い放った。

「そんなにウチのタレントがほしいのなら、日本テレビの『紅白歌のベストテン』が放送日を替えりゃいいじゃないか※70」

この驕りともとれる発言を聞いて激昂したのが、当時、日本テレビの制作局次長になっていた井原高忠だ。

井原は局に帰ると、バンド時代からの仲間でもあったプロダクションの社長たちを集めた。ホリプロの堀威夫、第一プロダクションの岸部清、サンミュージックの相澤秀禎、そして、田辺エージェンシーを設立したばかりの田邊昭知である。

「ナベプロは日本テレビに出ない。よって、あなたたちの協力がいる。その代わり、スター誕生で作ったスターは各社にお渡しする※19」

ここに、いわゆる「月曜戦争」が勃発した。かつてステージでともに躍動した戦友たちが、今度は裏方として集結し巨大な〝帝国〟に戦いを挑んだのだ。

『スター誕生！』では、ホリプロの山口百恵、サンミュージックの桜田淳子、飯田久彦がプロデュースしたピンク・レディーなど数多くのアイドルが生まれたのに対し、渡辺プロが手掛ける『スター・オン・ステージ』はわずか半年で終了。もともと渡辺プロ制作の番組を放送する予定だった日本テレビ金曜22時の枠で始まった『うわさのチャンネル!!』は高視聴率番組となり、ホリプロの和田アキ子や田辺エージェンシーのタモリが人気となった。

かつて「ナベプロ帝国」などと呼ばれ絶対的な力を持っていた渡辺プロの天下は終わり、勢力図は一変。「芸能界」は第2のフェーズに突入していくのだ。

渡辺プロの子供たち

これと前後して渡辺プロからはタレントとともに有能な社員らの独立が相次いだ。

1期生で前川清を育てた和久井保が「ワクイ音楽事務所」を作ったのを皮切りに、創成期から渡辺プロを支えた池田道彦は木の実ナナと「アトリエ・ダンカン」を、6期生の尾木徹が布施明を連れ「プロダクション尾木」を設立する。また井澤健は渡辺プロと暖簾分けのような形で業務提携し、ザ・ドリフターズと「イザワオフィス」を立ち上げた。

中でも大成したのは8期生の大里洋吉だ。

映画少年だった彼は映画製作プロダクションだと勘違いして渡辺プロに入社した。池田班に配属され、まずGS時代のザ・ワイルド・ワンズの担当になった。その後、大里は渡辺プロの稼ぎ頭となるキャンディーズを担当。晋とその方向性で対立した大里は、ブロードウェイ・ミュージカルのプロデューサーになる夢を叶えるため、9年勤めた渡辺プロを退社した。

このことを聞きつけたのがバーニングプロダクションの社長・周防郁雄だった。周防はちょうど原田真二という有望な歌手のマネージャーを探していたのだ。[※71]そこで原田を売り出すために大里が立ち上げたのが「アミューズ」だった。原田は「てぃーんずぶるーす」でデビューし一躍人気になったが、わずかな期間でアミューズから独立。窮地に立たされた大里だったが、その2週間後に出会ったのがサザンオールスターズだった。以降、アミューズは数多くのスターを世に輩出していった。

渡辺プロの先輩からは、「お前は渡辺プロのノウハウを全部アミューズに持ち込んで商売やってる」などと言われることもあるという。だが、大里は「悪口だと思わない」と語る。「教えられたことを忠実に守って、その応用編をやってるだけ」だと。[※72]かつて渡辺プロに反目した大里だが、渡辺プロの血を色濃く引き継いでいるのだ。

１９８７年、渡邊晋が亡くなると、社員の独立の動きはさらに加速していった。晋に寵愛された3期生の阿木武史もそのひとりだ。

一周忌の次の日だよ、辞表を出したのは。社長の命日は1月31日。だから、2月1日に辞表を出して、俺は3月いっぱいで辞めた。そういう辞め方。最初からそのつもりだった。社長がいないんだもの、もう興味ないいんだ。渡辺プロの良さというのは、社長が言えば全部おさまること。俺と同じように皆が社長を尊敬して慕っているからぎくしゃくしない。渡辺プロに長くいて、みんないろんなことがあったけど、社長の悪口を言う人だけはいなかった。（阿木武史）

他にも挙げればきりがないほど、〝渡辺プロの子供たち〟は芸能界に根を張っている。いわば、渡邊晋の血が脈々と受け継がれているのだ。

二代目の時代

マナセプロダクションの曲直瀬正雄も１９８３年にこの世を去った。既に１９７４年に妻・花子も亡くなり、娘の翠も早逝し、信子も芸能の仕事から手を引きアメリカに移住していた。後継者問題に頭を悩ませていたマナセプロダクションは、芸能ビジネスを拒絶し花屋を営んでいた五女・道枝を呼び寄せた。

跡を継ぐ人をどうするという話になったときに声をかけられて、「嫌です」って言ったんです（笑）。何が悲しくて芸能プロダクションをやるんだって。でも、うちには坂本九がいた。私は九ちゃんとは幼なじみでもあるから、「自分の会社を作ればいいんじゃない？」って言ったんだけど、「いや、自分でプロダクションをやるつもりはない。だから跡をミーちゃんがやってよ」と言われて。（曲直瀬道枝）

道枝は赤字化していた経営を見直し、1年後には黒字化したが、程なくして坂本九が1985年8月12日、日本航空123便墜落事故に巻き込まれ急逝した。その後は、西田ひかるを発掘するなど戦後芸能プロの草分けとして存在感を保っている。

渡辺プロでは渡邊晋の死後、美佐は会長となり、長女のミキが取締役に加わり、新しい渡辺プロを築き始めた。ミキは崩れかけた渡辺プロを復興し、一強時代は終わったもの今もなお芸能界の盟主としての威厳を誇っている。また、次女の万由美は1995年に「トップコート」を設立し新しい風を吹かせている。

相澤秀禎は2013年に死去。サンミュージックは長男の相澤正久が引き継いでいる。ジャニー喜多川は2019年に、メリー喜多川は2021年に相次いで亡くなり、ジャニーズ事務所はメリーの娘・藤島ジュリー景子が継承した。

ホリプロは1989年に業界初の株式公開を果たし、2002年には東証一部上場となった（現在は上場廃止）。この年、堀威夫は「ファウンダー」に就任。経営トップの座を長男の一貴や次男の義貴に譲った。しばらく「ファウンダー」として彼らを見守ってきたが2020年に退任し身を引いた。

芸能事務所は「二代目」の時代に突入したのだ。

こうして「芸能界」は誕生した

本来は「タレント」と、それをマネジメントする「芸能プロダクション」、それを使う「テレビ局」や「レコード会社」、それぞれが拮抗した力関係にあるのが理想だ。かつてはテレビ局やレコード会社が絶大な権力を誇ったが、これまで描いてきた経緯で力関係が逆転していった。また、渡邊晋、堀威夫、田邊昭知らが理事長を歴任した「日本音楽事業者協会」（１９６３年〜）や、アミューズらが中心となって発足された「日本音楽制作者連盟」（１９８６年〜）などが組織され、芸能プロの力はさらに強固となった。

近年では、タレントやテレビ局等に比べ、いささかその力が強すぎるきらいがあり、様々な歪みが表出し始めている。この力関係は本書で見てきたように一朝一夕で形成されたわけではない。新たな枠組みは、新しい世代の人々が作る必要があるのだろう。

いずれにしても現代の「芸能界」を築いたのは、「日劇ウエスタン・カーニバル」に青春を捧げた者たちだったのだ。

すべての始まりとなった日劇ウエスタン・カーニバル。その舞台となった日本劇場の解体は、１９８１年３月６日に始まった。王冠のネオンをかぶった半円形の東京のシンボルが失われた。

最後の公演は1月28日から2月15日まで開催された「サヨナラ日劇フェスティバル」。日劇、約47年の歴史での総公演演目は１３５６。出演したダンサーは約３０００人を超え、ステージに立った著名スターは８８１人。総入場者数は約６０００万人にのぼった

という。[※73]

跡地には、有楽町センタービル（有楽町マリオン）が建てられた。

あとがき

桑田佳祐やユーミンが出演した伝説の番組『メリー・クリスマス・ショー』（日本テレビ）、バンドブームを巻き起こした「三宅裕司のいかすバンド天国」（TBS）、若手芸人ブームを生んだ『ボキャブラ天国』シリーズ（フジテレビ）、サブカル色の強い『タモリ倶楽部』（テレビ朝日）、料理番組『どっちの料理ショー』（読売テレビ）や『チューボーですよ！』（TBS）、街の情報番組『出没！アド街ック天国』（テレビ東京）や『秘密のケンミンSHOW』（読売テレビ）、そして音楽バラエティの『THE 夜もヒッパレ』（日本テレビ）……。

そんな多種多様な番組を生み出した制作会社こそ「ハウフルス」です。ジャンルはバラバラながら、「富士山」や「日の出」がモチーフになったケレン味あふれるセットや、「東京」的センスと洒落っ気で、すぐにハウフルス制作の番組だとわかる、「ザッツ・エンターテイメント！」と言いたくなる番組ばかりです。そのハウフルスを率いるのが

「代表取締役演出家」という肩書で今なお現役バリバリの菅原正豊氏。ハウフルスの番組は「軽妙洒脱」という言葉がよく似合いますが、それは菅原さん自身がそうだから。少し早口で常に「ホッホホホッ」と微笑みを浮かべながら、茶目っ気あふれる演出で、個性丸出し。番組には「スガワラ印」としか言いようがないカラーがあります。

以前からハウフルスの番組が好きだった僕は、ありがたいことに声をかけていただき、2017年6月発売の『新潮45』7月号にて、「テレビ屋稼業バカ一代」と題し菅原さんご本人や関係者の方々を取材した上で人物ルポを書きました。これだけ数多くテレビ史に刻まれる番組を作りながら、「自分の話なんて……」と照れくさそうに話す語り口はあまりにも魅力的でした。

その中で聞いたお話はどれもこれもが素敵なものだったのですが、中でも印象的だったのがある構成作家の方から伺った、菅原さんが徹夜で編集作業をしていたときのエピソードです。早朝4時頃、ふと作家に相談したいことができ当たり前のように電話したのです。けれど、出ない。早朝なのだから当然です。けれど、菅原さんにはその時間感覚はありませんでした。

「えー、何で電話に出ないんだろう?」と。

もう自分の好きなものをつくることに真っ直ぐなのです。取材の最後、なぜ現役で居続けられるのかと尋ねると、菅原さんは「ホッホホホッ」と笑いながらサラリとこう答えました。

「おもしろいことを考えられなくなったらやめるけど、まだおもしろいこと考えつくからね」

それから3年ほど経ったある日、突然電話がかかってきました。

スマホの画面には「ハウフルス菅原」の文字。

一体何があったんだろう?

緊張しながら電話に出ると、いつもの少し早口の明るい口調でおっしゃいました。

「書いて欲しいものがあるんだけど興味ある?」

詳しく話を伺うために麻布十番商店街にあるハウフルスに向かうと、そこには菅原さんとともに元日本テレビの名プロデューサー渡辺弘さんもいらっしゃいました。渡辺さんとは90年代の日本テレビの躍進を描いたノンフィクション『全部やれ。——日本テレビ えげつない勝ち方』(文藝春秋)での取材でお世話になっていました。また菅原さんと渡辺さんは『THE　夜もヒッパレ』などを一緒につくった盟友です。

おふたりが話す構想はあまりにも壮大なものでした。しかも取材対象となるのは、芸能界の大物ばかり。正直、震えました。

けれど「いまの芸能プロダクションのトップがみんな日劇ウエスタン・カーニバルにいたんだよ！」と少し照れくさそうに、かつ熱っぽく語られる、その〝物語〟はとても魅力的で、万難を排してでも書きたいと思うに十分でした。


僕は生粋のテレビっ子です。子供の頃からずっとテレビが好きで、芸人や歌手、俳優、つまりは芸能人に魅了され続けてきました。人生の支えになったタレントはひとりやふたりではありません。芸能プロダクションはそんなタレントを守る大事な役割を担っています。その芸能プロダクションの現在の状況や立ち位置、ビジネスモデルなどに問題点がないとも思いません。

けれど、本書で解き明かしたいのはそういった部分ではありません。

描きたかったのは、いかにして現在の芸能プロダクションの形が生まれ、どのように芸能ビジネスが成立していったのか、それに至る群像劇です。若者たちは、青春をプレイヤーとして音楽に賭け、挫折と苦悩を乗り越え、大きな決断をくだしていきました。その若いパワーと反骨心が旧態依然とした体制を打ち破り、新しいカタチを作ったのです。ならば、その〝物語〟は、未来をつくる道標になるのではないか。そう思って取材を進めました。

おふたりからお話をいただき、真っ先に相談したのが、一緒に『笑福亭鶴瓶論』（新潮社）を作った編集者の金寿煥さんでした。金さんはすぐに協力を申し出てくれて、社内に企画を通し、実現に向けて動いてくださいました。困難であったであろう各所の調整もしていただき、執筆に専念できました。感謝しかありません。加えて、『新潮45』で菅原さんのルポ執筆を依頼していただき、菅原さんとの関係を築くきっかけをくださった出来幸介さんにもお礼申し上げます。

本書執筆にあたって、阿木武史さん、飯田久彦さん、工藤英博さん、田邊昭知さん、堀威夫さん、曲直瀬道枝さん（50音順）をはじめとした方々に長時間にわたってお話を伺いました。本当にありがとうございます。いずれも、菅原・渡辺両氏のお口添えがなければ実現できなかったことで改めて感謝しております。また、菅原さんには「前説みたいなもの」という最高の序文を寄せていただきました。なんだか本書に「スガワラ印」がついたかのようで感激しました。

最後になりましたが、本書を手に取り、読んでいただいた方々、本当にありがとうございます。本書を読んで、菅原さんが言うように「自分たちが次の時代を作っていくんだ」と胸を熱くしていただけたとしたら、幸いです。

2022年8月

戸部田誠（てれびのスキマ）

【引用・出典一覧（本文登場順）】

※1：『週刊朝日』「ナベ・プロ奮闘記　オタマジャクシと私（2）」（1967年9月8日号）
※2：『週刊朝日』「ナベ・プロ奮闘記　オタマジャクシと私（1）」（1967年9月1日号）
※3：ミッキー・カーチス『おれと戦争と音楽と』（亜紀書房）
※4：『ミュージック・ライフ』「日劇ウエスタン・カーニバル評」（1958年4月号）
※5：和田誠『ビギン・ザ・ビギン』（文春文庫）
※6：稲増龍夫『グループサウンズ文化論』（中央公論新社）
※7：『潮』「進駐軍への芸能慰安——渡辺プロのルーツ」（1981年10月号）
※8：軍司貞則『ナベプロ帝国の興亡』（文藝春秋）
※9：野地秩嘉『ビートルズを呼んだ男』（小学館文庫）
※10：長門竜也『シャープス＆フラッツ物語』（小学館）
※11：東谷護『進駐軍クラブから歌謡曲へ』（みすず書房）
※12：ムッシュかまやつ『ムッシュ！』（文春文庫）
※13：佐藤剛『上を向いて歩こう』（小学館文庫）
※14：青木深『めぐりあうものたちの群像』（大月書店）
※15：『潮』「進駐軍への芸能慰安——原節子らに何が起こったのか」（1981年9月号）
※16：和田彰二『連流』（音楽出版社）

※17：朝日新聞学芸部編『戦後芸能史物語』（朝日選書）
※18：渡邊晋追想録編集委員会編『渡邊晋○追想録』（渡邊晋追想録刊行会）
※19：野地秩嘉『渡辺晋物語』（マガジンハウス）
※20：渡辺音楽文化フォーラム編『抱えきれない夢――渡辺プロ・グループ四〇年史』（渡辺音楽文化フォーラム）
※21：『婦人倶楽部』「数奇な運命に操られた母の結婚／田辺昭知」（１９６８年1月号）
※22：細田昌志『沢村忠に真空を飛ばせた男』（新潮社）
※23：堀威夫『わが人生のホリプロ　いつだって青春』（小学館文庫）
※24：『ミュージック・ライフ』「希望対談　田辺昭知さん・ジョージ大塚さん」（１９６０年6月号）
※25：相澤秀禎『人生に拍手を！』（講談社）
※26：『ミュージック・ライフ』「ウエスタニアン放談会（3）ウエスタン・キャラバン」（１９５７年6月号）
※27：『笑芸人』Vol.14「永六輔　ラジオとその草創期を語る」
※28：「東京新聞」２０１５年8月25日付
※29：藤田潔『テレビ快男児』（プレジデント社）
※30：『ミュージック・ライフ』「メイ・ウエスタンカーニバルをきく」（１９５７年6月号）
※31：ビリー諸川『昭和浪漫　ロカビリー』（平凡社）
※32：大橋巨泉『ゲバゲバ70年！　大橋巨泉自伝』（講談社）

※33：伏見憲明『新宿二丁目』（新潮新書）
※34：谷和子・近藤益子『黄金の銀座ＡＣＢ伝説』（集英社）
※35：『ミュージック・ライフ』「ロッカビリー音楽の歴史とその現状」（１９５８年4月号）
※36：佐藤剛『美輪明宏と「ヨイトマケの唄」』（文藝春秋）
※37：『ミュージック・ライフ』「座談会ウエスタニアン放談会（２）ワゴン・マスターズ」（１９５7年5月号）
※38：『週刊新潮』「クローズアップ／渡辺美佐」（１９５８年3月31日号）
※39：『若い女性』「女マネージャーの喜びと悲しみ　ロカビリーを売出した私」（１９５８年5月号）
※40：山下敬二郎『リセット。』（人間と歴史社）
※41：笹山敬輔『興行師列伝』（新潮新書）
※42：湯川れい子『熱狂の仕掛け人』（小学館）
※43：世相風俗観察会編『現代風俗史年表』（河出書房新社）
※44：ＮＨＫ『この道わが旅～すぎやまこういち音楽の旅路～』（２０２1年12月11日放送）
※45：小林信彦『テレビの黄金時代』（文春文庫）
※46：砂田実『気楽な稼業ときたもんだ』（エンパワメント研究所）
※47：『小説新潮』「音楽ドキュメント（1）飯田久彦　ウエスタン・カーニバルの夜」（２００３年1月号）
※48：佐藤剛『「黄昏のビギン」の物語』（小学館新書）

※49：橋幸夫『シオクルカサの不思議な世界』（日刊現代）
※50：西郷輝彦『生き方下手』（KKロングセラーズ）
※51：『週刊文春』「ジャニーズ『アイドル帝国』を築いた男（後編）」（2011年1月13日号）
※52：小菅宏『「ジャニー喜多川」の戦略と戦術』（講談社）
※53：『ミュージック・ライフ』「ジャニーズの若い涙」（1964年12月号）
※54：『現代ビジネス』「ジャニーズ事務所はなぜSMAPを潰したのか」（2016年10月7日）
※55：白井荘也『マイケル・ジャクソン来日秘話』（DU BOOKS）
※56：『ミュージック・ライフ』「ボンちゃんの楽屋のぞき歩き（田辺昭知とザ・スパイダースの巻）」（1963年9月号）
※57：野地秩嘉『キャンティ物語』（幻冬舎文庫）
※58：井上堯之『スパイダース　ありがとう！』（主婦と生活社）
※59：阿久悠『夢を食った男たち』（文春文庫）
※60：『ティーンルック』「田辺昭知の〝男どうしで話そうぜ〟第6回　井上順」（1968年11月5日号）
※61：井上順『グッモー！』（株式会社パルコ）
※62：ジャッキー吉川『〝ブルー・シャトウ〟は永遠なり――天国の大ちゃんに…』（近代映画社）
※63：平尾昌晃『不死鳥のメロディー』（潮出版社）
※64：『AERA』「元アイドルが仕切るヒット曲の舞台裏。飯田久彦」（1996年10月14日号）

※65：『ティーンルック』「ウエスタン・カーニバル特報　スパイダースがウエスタン・カーニバルに出ない理由」（１９６９年８月19日号）
※66：『週刊平凡』「15年たたいたドラムを捨て…田辺昭知が突然引退！経営者に…」（１９７０年５月14日号）
※67：『ティーンルック』「田辺昭知の〝男どうしで話そうぜ〟第２回　植田芳暁」（１９６８年10月８日号）
※68：『週刊明星』「ウェスタンカーニバル涙でよみがえった栄光のＧＳ」（１９８１年２月12日号）
※69：『平凡パンチ』「サヨナラ日劇ＰＡＲＴ２ビッグ対談　萩原健一vs.内田裕也vs.沢田研二」（１９８１年１月26日号）
※70：田原総一朗『メディア・ウォーズ』（講談社文庫）
※71：『週刊現代』「ザ・芸能界　テレビが映さない真実（特別篇）ドン・周防郁雄（バーニングプロダクション社長）が語る「芸能界と私」」（２０１６年11月26日号）
※72：『Musicman』「リレーインタビュー第25回　大里洋吉氏」（２００２年３月８日）
※73：ＮＨＫ『ＮＨＫ特集「さらば日劇〜青春の街角の半世紀〜」』（１９８１年３月20日放送）

【その他の参考文献（五十音順）】

阿川佐和子『阿川佐和子のワハハのハ（この人に会いたい４）』（文春文庫）
秋場たけお『昭和テレビ風雲録』（扶桑社）

井原高忠／恩田泰子（取材・構成）『井原高忠　元祖テレビ屋ゲバゲバ哲学』（愛育社）
國府田公子『沢田研二大研究』（青弓社）
サエキけんぞう・中村俊夫『エッジィな男ムッシュかまやつ』（リットーミュージック）
塩澤幸登『昭和芸能界史』（河出書房新社）
志賀信夫『映像の先駆者　１２５人の肖像』（ＮＨＫ出版）
瀬川昌久・大谷能生『日本ジャズの誕生』（青土社）
中野正昭編『ステージ・ショウの時代（近代日本演劇の記憶と文化３）』（森話社）
西田浩『秋吉敏子と渡辺貞夫』（新潮新書）
日本テレビ50年史編集室編『日本テレビ社史　テレビ夢50年』（日本テレビ放送網）
橋本与志夫『日劇レビュー史——日劇ダンシングチーム栄光の50年』（三一書房）
『フジテレビジョン開局50年史』（フジ・メディア・ホールディングス）
フランキー堺『芸夢感覚』（集英社）
堀威夫『ホリプロって何だ？』（財界研究所）
マイク・モラスキー『ジャズ喫茶論』（筑摩書房）
マイク・モラスキー『戦後日本のジャズ文化』（岩波現代文庫）
村松友視『黒い花びら』（河出文庫）
『ミュージック・ライフ』『ティーンルック』『週刊新潮』『週刊文春』『平凡』『週刊朝日』『週刊明星』
『ジュニア文芸』『潮』などの各雑誌、各種新聞。

編集協力：菅原正豊
渡辺弘

戸部田 誠　1978(昭和53)年生まれ。ライター。ペンネームは「てれびのスキマ」。著書に『タモリ学』『1989年のテレビっ子』『笑福亭鶴瓶論』『全部やれ。――日本テレビ えげつない勝ち方』『売れるには理由がある』など。

Ⓢ新潮新書

966

芸能界誕生《げいのうかいたんじょう》

著　者　戸部田《とべた》 誠《まこと》(てれびのスキマ)

2022年9月20日　発行

発行者　佐　藤　隆　信

発行所　株式会社 新潮社

〒162-8711　東京都新宿区矢来町71番地
編集部(03)3266-5430　読者係(03)3266-5111
https://www.shinchosha.co.jp
装幀　新潮社装幀室

印刷所　株式会社光邦

製本所　株式会社大進堂

ISBN978-4-10-610966-9 C0273